[英] 温斯顿·丘吉尔—著　李国庆等—译

CHURCHILL'S MEMOIRS OF WORLD WAR II

丘吉尔二战回忆录

进犯南亚

SPM 南方传媒　广东人民出版社

· 广州 ·

图书在版编目（CIP）数据

进犯南亚 /（英）温斯顿·丘吉尔著；李国庆等译.
广州：广东人民出版社，2024.8. --（丘吉尔二战回忆
录）. -- ISBN 978-7-218-17973-5

Ⅰ. K835.617=5；K152

中国国家版本馆 CIP 数据核字第 2024Y7F648 号

QIUJI'ER ERZHAN HUIYILU·JINFAN NANYA

丘吉尔二战回忆录·进犯南亚

[英]温斯顿·丘吉尔 著　李国庆等 译　　　版权所有　翻印必究

出 版 人：肖风华

责任编辑：范先鋆　宁有余
责任技编：吴彦斌
封面设计：贾　莹

出版发行：广东人民出版社
地　　址：广州市越秀区大沙头四马路 10 号（邮政编码：510199）
电　　话：（020）85716809（总编室）
传　　真：（020）83289585
网　　址：http://www.gdpph.com
印　　刷：三河市人民印务有限公司
开　　本：787 毫米 × 1092 毫米　1/16
印　　张：11.25　　字　数：166 千
版　　次：2024 年 8 月第 1 版
印　　次：2024 年 8 月第 1 次印刷
定　　价：58.00 元

如发现印装质量问题，影响阅读，请与出版社（020-87712513）联系调换。
售书热线：（020）87717307

《丘吉尔二战回忆录》译者

（排名不分先后）

李国庆　张　跃　栾伟霞　曾钰婷　刘锡赟　张　妮
李楠楠　汤雪梅　赵荣琛　宋燕青　赖宝滢　张建秀
夏伟凡　王　婷　江　霞　王秋瑶　郑丹铭　姜嘉颖
郭燕青　胡京华　梁　楹　刘婷玉　邓辉敏　李丽枚
郭轶凡　郭伊芸　韩　意　李丹丹　晋丹星　周园园
王瑨珽

战争时：意志坚定
战败时：顽强不屈
胜利时：宽容敦厚
和平时：友好亲善

致　谢

　　我必须再次向协助我完成前几卷的各位致以友好的谢意；他们是陆军中将亨利·波纳尔爵士、艾伦海军准将、迪金上校、爱德华·马什爵士、丹尼斯·凯利先生和伍德先生。我也再次向审阅过原稿并提出宝贵意见的其他人士表达最诚挚的谢意。

　　伊斯梅勋爵和其他朋友也不断给予我帮助。特此致谢！

　　撰写本卷①所需的某些官方文件王家版权归英王陛下政府文书局局长所有，承蒙英王陛下政府准许，这些官方文件的文本才得以复制，特此致谢。遵照英王陛下政府的要求，为了保密起见，本卷中所刊载的某些电文有所改动。但是这些改动并未改变原有内容。

　　美国海军预备队塞缪尔·埃利奥特·莫里森上校所著关于海军战斗的一些书生动展现了美国舰队的作战行动，我在此也要向他表示谢意。

　　罗斯福财物保管理事会允许在本卷中引用总统的一些电文，还有其他好友同意发表其私人信件，均一并致谢。

---

　　①　原卷名为"命运的转折"，现分为《陈兵太平洋》《进犯南亚》《攻守易形》《营救非洲》《非洲的胜利》《形势逆转》六册。——编者注

前　言

就我亲眼所见，在"铁血风暴""最光辉的时刻"和"伟大的同盟"各卷①中我曾讲述过引发第二次世界大战的几个重大事件：纳粹德国征服欧洲，德国进攻苏联、日本对美国发动猛攻后才使得苏联和美国成为我们的盟国，我军才不再孤军奋战。

岁末年初之时于华盛顿，我和罗斯福总统在海陆军顾问的支持下宣布建立伟大同盟，并为未来作战制定主要策略。现在我们必须应对日本的进犯。

这就是 1942 年 1 月 17 日，我刚刚抵达普利茅斯的情况，本卷（《陈兵太平洋》《进犯南亚》《攻守易形》《菅救非洲》《非洲的胜利》《形势逆转》）所要讲述的内容也由此开始。本书依然从英国首相的立场出发，同时因我兼任国防大臣而在军事上负有特殊使命。另外，我仍然倚重一系列的指令、电报和备忘录，这些材料在成文的时刻具有重大意义和利害关系。我也想不出更好的言辞去重述。这些原始文件都是在紧急事件发生时由我口授的，既出自于我手，我希望大家可以通过这些真实材料来评断我的功过。事后诸葛亮很容易，但我还是希望历史学家能深思熟虑，在适当的时候给出一个评价。

我之所以把这一卷称为"命运的转折"，是因为在这一时期我们从接连战败变得战无不胜。在前六个月中，诸事不顺；但在后六个月中，一切顺利。而且，这一可喜的转变一直持续到了战争结束。

温斯顿·丘吉尔

于肯特郡，韦斯特勒姆，恰特韦尔庄园

1950 年 1 月 1 日

---

① 现分为十四册。——编者注

目 录
CONTENTS

第一章

ONE

荷属东印度群岛失守

美、英、荷、澳战区短暂的生命——韦维尔面临的风暴——韦维尔建议将澳大利亚部队调往缅甸——日军于 2 月 28 日对爪哇发起进攻——我打算重新任命韦维尔为印度总司令——韦维尔前往锡兰的危险飞行——海军的悲剧——海军上将杜尔曼孤军奋战——盟军舰队的毁灭——"埃克塞特"号沉没——爪哇最后的抵抗——日军完全占领荷属东印度群岛

英国、美国、荷兰、澳大利亚、新西兰、印度和中国各政府之间用最安全的密码发送了好几万字的电报，他们准备在最高统帅的指挥下成立美、英、荷、澳司令部。该司令部严格按照各国要求的比例配备人员，且要包含海陆空三军人员在内。各国就许多问题进行了详尽讨论，如关于可否任命一位荷兰海军上将统率海军作为折中办法、如何与美国和英国共同做出所有安排以及澳大利亚在何处发挥作用等。五大国刚就一切达成共识，整个相关区域就被日军占领，且盟国联合舰队也在爪哇海上一场孤立无援的战斗中被击沉。

刚开始的时候，我们与蒋介石之间产生了一些误会，虽然它们没有影响到事情的发展，却牵涉政治高层。在华盛顿时，我发现在美国人、甚至是在高层领导人心中，中国有着非比寻常的意义。我意识到他们有这样一种评判标准，即中国的作战能力几乎与英国不相上下，中国军队则可与苏联军队相提并论。我向罗斯福总统表示，我认为美国舆论夸大了中国在这场全面战争中所能做出的贡献。可总统却非常不同意我的看法。他认为，中国是一个有着五亿人口的大国。假如这五亿人口能像 19 世纪的日本那样蓬勃发展，并拥有现代化武器，那将

会怎样？我回答道，我只是针对当前这场战争，就目前形势而言，我们要打下去已经相当吃力了。同时，我还说道，我当然乐意帮助中国，也会待之以礼，因为我喜爱并钦佩这个民族，只是对中国政府长期以来的管理不当感到遗憾，但千万不要指望我会接受一个在我看来完全不切实际的评判标准。

韦维尔将军在担任印度总司令的时候，曾飞过喜马拉雅山与蒋介石在重庆会晤。虽然这一做法符合美国人民的意愿，但会晤结果却令人失望。蒋介石还向罗斯福总统抱怨道，英国这位司令官显然不太相信中国为解决自身问题所能做出的贡献。我也争取把这件事情说清楚。

首相致韦维尔将军：

1. 我仍然无法理解你为何拒绝中国军队帮助我们防守缅甸和滇缅公路。我知道，你现在已经接受了中国第四十九和第九十三两个师的增援，可中国第五军和第六军的剩余兵力就在边境地区随时待命。而缅甸极有可能沦陷。你想一想，中国军队在孤立无援、装备落后的情况下已经抗日多久了，而我们在日军的攻击下又是如何艰难生存的，我不能理解为什么我们不能接受中国的援助。

2. 我必须告诉你美国人的想法。在许多美国人心目中，中国和英国同等重要。总统向来十分欣赏你，但还是对蒋介石在同你会晤后心情沮丧一事感到吃惊。美国三军参谋长坚持将缅甸交由你指挥的唯一原因是他们认为你会接受中国的援助，并打通滇缅公路，这对取得世界大战的胜利至关重要。千万不要忘记，在这一切的背后还隐藏着亚洲人民的团结一致，它可能会在我们克服艰难险阻的道路上变得更具有威胁性。

3. 如果要我用一个词来概括我在美国吸取的教训，那就是"中国"。

1942 年 1 月 23 日

韦维尔回答道："我并没有拒绝中国的帮助。您说我'现在'才接受第四十九师和第九十三师的支援，可事实上我12月23日在重庆的时候就已经接受了，纯粹是因为中国迟迟未将军队移交给我。据我所知，除了另一个质量受到怀疑的师以外，这两个师组成了中国第五军。我只是要求他们不要把第六军派遣到缅甸边境，因为这将会导致供应困难……如果一切进展顺利，且在交通运输所能承受的范围内尽可能多地将英国军队从印度和非洲运往缅甸，那么兵力应该是足够的。我知道美国对中国的看法，但民主国家总是容易感情用事，而不经过理性思考。一个将军的责任是，或者应该是通过理性思考制订计划。我认为在接受中国军队的援助（第五军的两个师）和要求第六军留在昆明地区做后备军一事上，我做出的判断是正确的，很遗憾我的行动竟然引起这么大的误会。如果有机会的话，希望您能帮我改变总统对此事的印象。我承认英国人在中国的声望很低，而且在我们尚未取得成就以前，很难有所改变，就算承认我们没有中国的支援就不能守住缅甸，也不会提高我们的声望。"

首相致韦维尔将军：

感谢你的来电。很高兴我们的意见达成一致，而且我不会错过任何向总统解释的机会。

1942年1月28日

* * *

1月10日，韦维尔将军抵达巴达维亚，并将其总部设在荷军司令部的中心万隆附近。但总部核心官员人数不多，且距增援来源地较远；而在那条长达五千英里的战线上又分布着许多据点，且我军在这些据点正与敌军展开激烈战斗，在这种情况下，韦维尔将军仍致力于处理关于建立第一个战时盟军司令部这件复杂而紧急的事务。

日军的几次军事征服已经对马来亚南边的一连串岛屿构成威胁，

而这些岛屿是马来亚天然的屏障，其中最大的是苏门答腊岛和爪哇岛。在东面，麦克阿瑟将军在孤立无援的情况下仍坚持在菲律宾的巴丹半岛英勇抗敌。在西面，英属马来亚的绝大部分地区已经沦陷。新加坡也岌岌可危。而在东西两翼之间的中间地带，盟军的抵抗也受到了威胁，因为其他日军正穿过迷宫似的荷属诸岛向南推进。荷兰在婆罗洲和西里伯斯的两个油港——沙捞越和文莱，也已失守。日军正步步逼近，他们每占领一处就会在该地建立空军基地以巩固战果，这样一来，他们就能利用这些空军基地袭击下一个既定目标。日军的活动从来没有超出他们以海岸为基地的空军的掩护范围，也没有超出他们的航空母舰的掩护范围。一个军国主义国家蓄谋已久的深远计划，在这次战略奇袭中全部得以实现。

至于韦维尔方面，一切都取决于增援部队的到来。关于援救守卫在中部群岛重要据点的少数荷军一事，我们已无能为力，而且我们也已得知在新加坡发生的一切事情。由于本国受敌军控制，荷兰方面已无更多兵力可供调用。他们从一开始就将所有兵力全部投入战斗，到现在兵力已在逐渐减少。从中东调来的两个澳大利亚师和一个装甲旅已在途中；三个高射炮团被匆忙调往爪哇空荡荡的机场；四十八架"旋风"式飞机已从"无畏"号甲板上起飞；另外两个轰炸机中队也从埃及经由印度飞往苏门答腊，最终共有八架飞机抵达爪哇。由此可见，我们把一切能调用的力量都已派去。而从菲律宾群岛撤出的美国亚洲舰队，也早已被派去加入英国和荷兰的海军部队。美国也已竭尽全力，他们还通过空运和海运将飞机调给盟军司令部，可是距离太远，且日本战机也正高效精准地展开活动。

1月底，西里伯斯岛的肯达里和东婆罗洲的大油港巴厘巴板相继沦陷。此外，敌人还以绝对优势占领了安汶岛和它的重要飞机场。他们越过英、美、荷、澳战区，占领了更东边的新不列颠岛的拉包尔和所罗门群岛的布干维尔岛。这是他们真正开始试图切断澳大利亚与美国相连的生命线的第一步。2月初，日本第一批部队在新几内亚的芬什哈芬登陆，但受其他地区战事规模的影响，他们暂时还无法控制这

些边远地区。在另一端，敌军正在入侵缅甸。

＊　　＊　　＊

我们对当时德国人的想法很感兴趣。2 月 13 日，海军上将雷德尔向德国元首汇报：

> 仰光、新加坡很有可能还有达尔文港，在数周内都将落入日本人手中。他们料想苏门答腊的抵抗力量会很薄弱，而爪哇则能坚持得更久。日本打算通过夺取锡兰这一重要据点来保卫印度洋上的这一阵地，同时，它还打算凭借海军力量的绝对优势获得该地区的制海权。
>
> 目前，有十五艘日本潜艇在孟加拉湾、锡兰附近的海面以及苏门答腊和爪哇两侧的海峡展开活动。
>
> 一旦攻下仰光、苏门答腊和爪哇，波斯湾和美洲大陆之间的最后一批油井将会丧失。这样一来，澳大利亚和新西兰的石油供给将只能从波斯湾或美洲方面获得。一旦日本战列舰、航空母舰、潜艇以及日本海军航空队以锡兰为基地，英国要想保持往来于印度和近东的交通顺畅就不得不依靠戒备森严的护航队。这样一来，那一地区将只剩下亚历山大港、德班和西蒙斯敦能作英国海军大型舰船的修理基地。

＊　　＊　　＊

韦维尔已竭尽全力去应对这场风暴。他在巨港成立了一支空袭部队。在海上，美国和荷兰的潜艇对从婆罗洲东西两侧进攻的敌军不断发起猛攻，战果颇丰。日军对巴厘巴板的进攻遭到我军顽强抵抗，美国四艘驱逐舰击沉了日本四艘运输船，另外一艘日本运输船则被一架荷兰飞机击沉。但空军的补给只能勉强供应作战消耗。2 月 4 日，我方海军派出一支航空中队试图干扰来自望加锡海峡的敌军运输船队，但因遭受空袭而被迫折回。随后，开始有报道称亚南巴斯群岛盘踞着一支强大的日本军队。我们在巨港的空军主要是由澳大利亚的航空中队组成，他们拥有六十架轰炸机和五十架"旋风"式飞机，但因弹药匮乏，高射炮不能充分发挥作用，也无法有效进行防御。2月13日，日本一支由不少于二十五艘船只组成的运输船队从亚南巴斯群岛驶来，我军出动了所有轰炸机对其进行攻击。我军损失了七架飞机，却未取得任何决定性战果。第二天上午，七百名日本伞兵突袭巨港，这场激烈的机场争夺战持续了一整天。如果这些伞兵没有获得任何支援，我军本能及时将他们歼灭，但在15日，敌军一支强大的进犯部队的先头部队抵达战场，他们乘坐登陆艇抵达河口。当时，我军派出了所有飞机对敌人的船只和登陆艇发起反攻，使他们蒙受了重大损失，从而遏制了他们的进攻——但由于我方空中力量不断减弱，敌军迟早会再次发起进攻。现在，我军在巨港只剩下二十架"旋风"式飞机和四十架轰炸机，其中还有许多无法作战，它们都以一个尚未被敌军发现的飞机场为基地。到了晚上，显然，我们所剩无几的军队必须撤退，而整个苏门答腊岛南部都将落入日本人之手。新加坡也在那一天沦陷。

在这场灾难发生的前一晚，韦维尔将军就事态可能的走势给我们发来了一份详尽的电报以示警告，我把这封电报的内容传达给了两位与此事直接相关的自治领总理。

韦维尔将军致首相：

……敌军在新加坡的进攻速度惊人，他们还派出一支护航队向南苏门答腊挺进。而南苏门答腊在荷属东印度群岛防御计划中有着至关重要的作用，因此，我们不得不重新审查这一计划。再过一段时间，从澳大利亚开往南苏门答腊的第七师便能抵达，到时我们就能建立起强大的防御体系。但防御阵地还没有准备就绪。

澳大利亚第七师的先行步兵旅要到3月8日左右才能作

战，而整个师则要到 3 月 21 日。

如果南苏门答腊失守，我们就不可能长期保卫爪哇。就爪哇的面积而言，该岛的驻军力量显得十分薄弱。目前，澳大利亚第六师打算增援爪哇，但要到 3 月底以后才能作战。如果我们能从南苏门答腊抽调出澳大利亚第七师，那么他们就能增援爪哇。

从空军方面来看，保卫爪哇非常困难；一旦南苏门答腊失守，形势会更为严峻。即使空军有望增援爪哇，增援时间也不会太久，因为空军的消耗速度太快，补给可能跟不上。

我方有限的空军力量不仅要与敌方空军正面对峙，还得破坏他们的航运。这样一来，我方空军便无法保护我们自己的航运了。

显然，守住南苏门答腊对成功保卫爪哇至关重要。目前的形势虽无需我们改变作战计划，但可能会迫使我们这样做。这样一来，我们将首先考虑澳大利亚军的去向，因为该军的绝大多数军队不但训练有素，而且装备完善。

我们必须全力增援苏门答腊，直至我们无能为力。但对爪哇的后续增援已无多大用处。

1942 年 2 月 13 日

* * *

新加坡沦陷的第二天，最高统帅对其指挥下的战区的形势再次进行了研究，而他那份条理分明的报告清晰全面地描绘了当时的情景。

韦维尔将军致首相：

1. 想必您也知道，最近在新加坡和南苏门答腊发生的事件，使我们面临着极为严重与紧急的战略方针问题。

2. 从地理位置来看，爪哇长达五百英里，相当于从伦敦

到因沃内斯的距离，且几乎整个北海岸都便于登陆。

3. 从敌军进攻规模和可能采取的作战行动来看，如果有运输舰和护航舰，敌人可能会在接下来的十至十四天内派遣四个师团进攻爪哇，并在一个月之内增派两个或更多的师团前来支援。敌军最大的空袭规模可能会派出四百至五百架战斗机（包括航空母舰）以及三百至四百架轰炸机参战。

为应对敌军在爪哇的进攻，我们的兵力情况如下：

（1）海军：我们最多能派出三艘至四艘巡洋舰以及十艘左右驱逐舰成立作战部队。如果将这支部队分派到爪哇岛受到威胁的两端，那么这两端的兵力都会很薄弱；如果将它集中在一处，又会因为距离关系难以及时赶到关键据点。因此，无论这支部队被派往何地，都容易遭到敌方空军的沉重打击。

（2）陆军：目前荷兰方面有三个力量薄弱的师；英帝国部队有配备着轻型坦克的第三轻骑兵旅的一个营和分散在各部队的澳大利亚士兵约三千名。此外，还有数千名皇家空军地勤人员，但有一部分没有武装；美国方面则有一个野战炮团，只是装备不齐全。

（3）空军：目前我方约有五十架战斗机，六十五架中型轰炸机以及二十架重型轰炸机。

因此，只有在爪哇当地的海空军力量占优势的情况下，我们才能阻止敌军不久后的登陆。但上述事实表明，我们根本无法获得这种优势。一旦敌军成功登陆，我方当前已无兵力可以阻止他们迅速占领岛上主要的海军和空军基地。

空运的第一批澳大利亚军队大概要到月底才能抵达爪哇，且要到3月8日才能投入战斗，而整个师要到3月21日才能运达并投入战斗。该军的另一个师要到4月中旬才能运达。

总之，缅甸和澳大利亚在抗日战争中至关重要。尽管爪哇的沦陷从各方面都对我们造成了严重打击，但这还不是致命的。因此，我们不应该再继续增援爪哇，因为这会削弱我

们在缅甸和澳大利亚的防御力量。

当务之急是澳大利亚军队的去向问题。如果有希望在岛上驻军，使我方在有利条件下抗击日军，那我将会毫不犹豫地建议采取冒险行动，就如我一年前在援助希腊一事上所采取的行动一样。当时，我认为我们有很大机会可以遏制德国入侵，因此不管结果如何，采取冒险行动都是合乎情理的。可是在目前这种情况下，我必须指出，无论是从战术角度还是从战略角度，冒险行动都不合理。当然，我还充分认识到与此事有关的政治因素……

1942 年 2 月 16 日

我还就此事向伊斯梅将军发送了备忘录：

首相致伊斯梅将军，转参谋长委员会

我可以肯定，我们不可能采取与韦维尔将军观点相悖的行动，而且我个人是同意他的观点的。当前最好的方案可能是：

1. 如果澳大利亚政府同意，就将这个澳大利亚师先行调往缅甸。

2. 接下来，利用现在的澳大利亚第二师的船只经由孟买将第七十师运往缅甸，经过锡兰时在该地留下一个旅。

3. 一有船只可用就尽快把其余的两个澳大利亚师运往澳大利亚。

4. 派 W. S. 第十七号运输船队将高射炮增援部队运往亭可马里，以确保该地万无一失，同时，将该运输船队的其余船只派去仰光。

我不清楚韦维尔将军打算如何利用爪哇的现有兵力。他是打算让他们同荷兰人抗战到底，以推迟沦陷时间？还是另有打算，要将他们调往别处？我觉得这个问题反而比前一个

问题更值得讨论。

1942 年 2 月 17 日

我对罗斯福总统说：

1. 关于因新加坡沦陷以及日军在苏门答腊强势登陆而出现的新形势，想必您已经从韦维尔将军的电报中得知了。我们将于今晚和明天分别在国防委员会和太平洋作战委员会上讨论我方的处境问题，之后会将我们的意见发送给您。除非我方有希望在苏门答腊和爪哇进行有效的抵抗，否则就会出现这样一个问题：我们是否应该将所有增援力量都调往仰光和澳大利亚？澳大利亚政府似乎也想将他们的两个师调回本国，但我不能一直拒绝他们的这一要求，而且他们接下来可能还会将在巴勒斯坦的第三师调回国内。我觉得目前最重要的地方是仰光，只有它能确保同中国联系。您也知道，韦维尔早已将我们的装甲旅调往仰光，他们预计会在这个月的 20 日抵达该地，他的这一做法非常正确。明天，三军参谋长将会通过军事途径将我们的讨论结果发送给您。

2. 利比亚即将爆发一场战争，隆美尔可能会在这场战争中采取攻势。希望我军能有好的表现，在昨天打响的空战中，我军表现得相当好。

韦维尔将军早就料到我们最后一个根据地——爪哇，在 2 月底前就会遭到进攻；而且他也知道，仅靠现有兵力或是可能获得的增援力量，我们几乎没有获胜的希望。因此，他建议将正在途中的澳大利亚军队全部派往缅甸。18 日，位于爪哇以东的美丽的巴厘岛沦陷；几天后，我们唯一能与澳大利亚进行空中通讯的基地帝汶岛也被占领。这时，海军上将南云那支在珍珠港事件中闻名于世的快速航空母舰舰队，在战列舰和巡洋舰的支援下来到了帝汶海，它如今由四艘大型航空母

舰组成；19 日，这支舰队对聚集在达尔文港的船只发动了毁灭性的轰炸，造成大量伤亡。在这次短暂的战役后，达尔文港不能再作为基地了。

我们现在知道，日本进攻爪哇的日期是 2 月 28 日。18 日，由五十六艘运输舰和一艘强大的护航舰组成的西方战斗分队离开了法属印度支那金兰湾。而由四十一艘运输舰组成的东方战斗分队则于 19 日驶离苏禄海的和乐岛，前往巴厘巴板，并于 23 日抵达。

21 日，我们的联合参谋部通知韦维尔将军：岛上已有部队应誓死保卫爪哇，但我们不再增派援军。同时，联合参谋部还命令他将司令部撤离爪哇。韦维尔回复道，他认为应该将美、英、荷、澳司令部解散而不是撤离。他的这一建议得到了参谋部的同意。

*　　*　　*

随着战争形势的不断发展，我清楚，一切都将进入尾声。

首相致韦维尔将军：

1. 显然，保卫英、美、荷、澳战区的全盘计划受到敌军全方位迅速进攻的影响。我们已经决定，利用现有兵力和正赶来增援的部队竭力保卫爪哇，并将主要增援力量调往缅甸和印度。总统现决定让美国负责保卫澳大利亚的侧翼，而我们则集中全力防守或收复缅甸和滇缅公路，当然，前提是我们已竭尽全力延长在爪哇的抗战时间。此外，总统还意识到锡兰至关重要，因为它是我方海军卷土重来的唯一途径。

2. 我想，如果麦克阿瑟将军从科里几多尔脱身，还是有可能前来防卫澳大利亚的。不过你还没告诉我，如果被迫撤离爪哇，你会将总部迁往何处。

3. 我个人认为，应由你重新担任印度总司令，让哈特利

将军①回到北方司令部。这样一来，你就能鼓舞我军全面抗日的士气。

1942 年 2 月 20 日

2 月 21 日，我收到韦维尔将军发来的电报，形势不容乐观。

　　恐怕美、英、荷、澳战区的防御已经瓦解，爪哇的防御也无法维持很久。防御一向取决于空战……现在我方投入任何兵力都无法延长爪哇的作战时间，更重要的是您决定挽救什么……我觉得这个总部也派不上用场了……

　　最后，我想说说我自己的事情。与过去一样，不管您派我去哪里，我都会尽我所能。在此次作战中，我辜负了您和总统的期望，换作是一个更优秀的人可能早就取得胜利了……如果您认为把我调回印度最为合适，我当然愿意听从您的命令。不过您最好还是先询问一下总督，看经过此次失败后我是否还有威信与影响力，因为这两点在东方极其重要；再看看哈特利及其继任者在北方司令部有何困难。

　　一想到要离开这些英勇刚强的荷兰人，我就感到非常难过，我真想留下来和他们一起抗战到底，当然前提是您觉得这能对战事有所帮助。

　　向您致以美好的祝福。想必您现在也很不好过，但我知道您一定有勇气战胜这一切。

就我而言，我一直遵循这样一个原则：判断一个军事指挥官优秀与否不能只看结果，而应该看他的努力程度。我从未对美、英、荷、澳战区抱有幻想，而且我现在只打算挽救缅甸和印度。我们郑重谨慎

---

　　① 韦维尔将军前往美、英、荷、澳司令部就任时，艾伦·哈特利爵士被任命为印度总司令。

地将这项艰难的任务交给韦维尔将军，在面对这场大灾难时，他镇定自若、立场坚定，这让我非常钦佩。有些人在接受艰巨和渺无希望的任务前，总是会找一些理由来拒绝或是提出各种不可能满足的条件，因为任务失败只会让他们在公众面前名誉扫地。而韦维尔的行为则符合陆军最优良的传统。因此，我回复道：

首相致韦维尔将军：

当你不再指挥美、英、荷、澳战区时，就立即前往印度。我们要求你在印度重新担任总司令，并在这个主要基地上继续抗日。

你也许会需要一位副司令替你分担日常工作，这可以等你到达德里以后再行解决。而其他一切考虑都是次要的。

我希望你能明白，无论是在英国的我和你所有的朋友，还是在华盛顿的总统和联合参谋部，都对你在如此恶劣艰难的条件下出色地指挥美、英、荷、澳战区作战给予了高度评价。

1942 年 2 月 22 日

韦维尔回电：

我们暂定 2 月 25 日出发。非常感谢您在电报中给予我高度评价，也感谢您对我的信任，愿意再度把印度战区交给我。如果哈特利将军能留任副司令，那将会对我有莫大的帮助。

25 日，他又来电：

今晚，我将与皮尔斯一同前往科伦坡。而且我将听从哈特利在复电中给出的建议，从科伦坡飞往仰光或德里。

韦维尔和皮尔斯乘飞机离开万隆。在飞机上，为他驾驶飞机的美国驾驶员对一位进入座舱的人说："嘿，我只有这张铁路线地图，但没关系，他们告诉我要去的地方叫'塞龙'①，地图上标出来了。"他们飞了近两千英里才找到"塞龙"。韦维尔有过许多离奇的飞行经历。他至少经历过六七起足以致命的危险事故，但没有受伤，因此，人们说他是飞机上的约拿②，因为约拿总能生还，而韦维尔乘坐的飞机也总能平安归来。这一次，飞机在空中起火，机组工作人员经过一番努力将火扑灭，但并未惊醒总司令。

韦维尔在锡兰接到我的电报，内容如下：

首相致韦维尔将军：

请你考虑锡兰这个重要地方是否需要一位一流的军官来统率当地的三军，兼管民政；并考虑波纳尔是否为合适人选。我们不想再出现第二个新加坡。

1942 年 2 月 26 日

波纳尔将军于 3 月 6 日担任驻军司令。

* * *

我给那些留在爪哇同荷兰人一起奋战到底的士兵发送了以下电报：

首相致空军少将莫尔特比：

我向你和留守爪哇的各级英国官兵致以最美好的祝愿，希望你们能在当前这场大战中获得胜利和荣誉。你们争取到的每一天都非常宝贵，我知道你们定会竭尽所能地延长作战

① "塞龙"（saylon）是对锡兰（ceylo）的误读，锡兰即现在的斯里兰卡。——译者注

② 比喻遭遇不幸死里逃生的人。——译者注

时间。

1942 年 2 月 26 日

　　盟国海军部队日益衰弱，目前由荷兰海军上将赫尔弗里克任指挥官。这位荷兰军官刚强果断，永不言弃，他不惜一切代价，也不顾敌军兵力上的绝对优势，不断向敌人发起猛攻。他不愧是荷兰历史上著名海员的继承人。为应对敌军大批运输船队在海面上对爪哇发起的进攻，赫尔弗里克成立了两支主攻部队，东线主攻部队在苏腊巴亚，由杜尔曼海军上将指挥；西线主攻部队在巴达维亚的海港丹戎不碌，由英国舰队组成。西线主攻部队由"霍巴特"号（澳大利亚）、"丹内"号、"龙"号等巡洋舰和"侦察"号、"坦尼多斯"号等驱逐舰组成，它们曾多次搜寻敌军；28 日，该舰队奉命通过巽他海峡撤到科伦坡，并于数日后平安抵达。由于丹戎不碌燃料短缺，且不断遭受空袭，赫尔弗里克才在这一紧要关头令西线主攻部队撤退。在那种情况下，就算让该部队加入杜尔曼海军上将的东线主攻部队，也只会落得同样的下场。

　　在此期间，杜尔曼在 26 日下午六时三十分乘着挂有旗子的"德雷特尔"号驶离苏腊巴亚，随行的舰只有"埃克塞特"号（英国）、后炮失灵的"豪斯顿"号（美国）等重型巡洋舰；"爪哇"号（荷兰）、"珀斯"号（澳大利亚）等轻型巡洋舰；以及九艘驱逐舰，其中英国三艘，美国四艘，荷兰两艘。赫尔弗里克海军上将命令杜尔曼："你必须不断进攻，直至瓦解敌军。"这是一项合理的指示，而且日军来犯的运输船队也是一份巨大的战利品。但在当时的情况下，这个指示忽视了敌军的压倒性优势、绝对的制空权以及我方西线主攻部队已经调离的这一事实。同时，杜尔曼将军还缺少一套传送战术信号的公用电讯密码。因此，他的命令在传送之前需要一位美国联络员在"德雷特尔"号舰桥上译出。而他要求留在苏腊巴亚的几架战斗机前来增援的紧急请求也没有得到回应。26 日晚上，杜尔曼到处搜寻敌军，但一无所获。到了早上，他返回苏腊巴亚给驱逐舰添加燃料。可是他刚驶入

港口，就接到赫尔弗里克海军上将的紧急命令，要他去攻打巴韦安岛以西的敌军。

于是，杜尔曼不得不调转方向，再次率领他那支疲惫的舰队出海，一小时后，也就是下午刚过四点钟的时候，他加入了战斗。刚开始的时候，双方还算势均力敌。远距离的炮战没有给任何一方造成损失，且日本驱逐舰的一系列鱼雷进攻也没有对我方产生影响。经过半小时的激战，一艘敌舰被我方击中并起火。但没过多久，敌军便击中"埃克塞特"号的一个锅炉房，导致该舰速度减慢，最后掉头驶回港口。它后面的舰船也采取同样的行动。大约在同一时间，荷兰的驱逐舰"科顿纳"号被鱼雷击沉。于是，杜尔曼海军上将便向东南撤退，整场战斗就此中止，只可惜驱逐舰"伊列克特拉"号企图透过烟幕向日军发射鱼雷，但遭到三艘日本驱逐舰截击，不幸沉没。

"埃克塞特"号在被迫停止了一段时间以后，能够以十五海里的速度行驶。后来，它奉命在仅存的荷兰驱逐舰的保护下驶回苏腊巴亚。

杜尔曼海军上将的舰队数量缩减、分布零散，于是他重组了他的舰队，并率领他们绕到敌军的侧翼，希望重创敌军的运输船队。双方的混战仍在断断续续地进行着。敌军此时已得到增援，而且还从空中获悉了杜尔曼的一切行动。美国驱逐舰在发射完所有鱼雷后被调回苏腊巴亚。英国驱逐舰"丘比特"号撞上荷兰军舰当天布设的水雷后即刻沉没，造成大量伤亡。十时三十分后，杜尔曼海军上将在率领舰队向前行驶时，遇到了两艘日本巡洋舰，经过一番激战，两艘荷兰巡洋舰都被鱼雷击沉。而这位在如此艰难的情况下仍奋勇作战的荷兰猛将也一并牺牲。在这场战役中成功脱身的"珀斯"号和"豪斯顿"号直驶巴达维亚，并于次日下午抵达。

*　　　*　　　*

虽然整个故事结局悲惨，但我们还是必须听完。当天晚上，美国和澳大利亚两国的巡洋舰在补充燃料后，又离开了巴达维亚。它们设

法穿过巽他海峡，却意外驶入了日本西线攻击部队的主力之中，当时这支部队的运输船只正在爪哇最西端的班腾湾让部队登陆。我方巡洋舰在被击毁前先对敌军展开报复行动，它们趁着日本运输舰上的军队上岸之际，击沉了两艘运输舰。"珀斯"号上的三百零七名官兵和"豪斯顿"号上的三百六十八名官兵幸免于难，但全被关进日本战俘营。而澳大利亚船长和美国船长都随船沉没。

在此期间，遭受重创的"埃克塞特"号和唯一幸免于难的英国驱逐舰"迎战"号都返回了苏腊巴亚，但苏腊巴亚就快要守不住了。虽然敌军派重兵把守了每一条退路，但这两艘战舰都成功出海。前一天参加战斗的四艘美国驱逐舰已经用尽了它们所有的鱼雷。尽管如此，他们还是于 2 月 28 日晚上启航，并悄悄穿过了狭窄的巴厘海峡。虽然途中遇到一艘敌军巡逻舰，但他们没有理会。到了白天，它们脱离了危险，一路南行，最后抵达澳大利亚。但这条航线对体型更大的"埃克塞特"号来说并不适用。28 日晚上，"埃克塞特"号与"迎战"号和美国驱逐舰"波普"号一起出航，它们打算穿过巽他海峡抵达锡兰。第二天早上，这支小型舰队被敌军发现，四艘游弋的日本巡洋舰在驱逐舰和飞机的保护下，将这支舰队包围。在敌军势不可当的炮火之下，这艘在 1939 年拉普拉特河口战役中闻名的"埃克塞特"号很快便难以动弹，并在中午前遭到敌军鱼雷致命的打击。

"迎战"号和"波普"号都被敌军击沉。这两艘英舰上的五十名军官和七百五十名海军士兵连同"波普"号上的幸存者都成了日军的俘虏。

* * *

敌人就这样摧毁了我们的海军力量，并从三面紧密包围爪哇。为补充迅速消耗的空军力量，两艘美国战舰已做出了最后的努力，它们运载了五十九架飞机前来增援。其中一艘旧的飞机供应舰"兰利"号在快要到达的时候遭到空袭被击沉；另一艘则安全抵达，但当时甚至已无法将装箱的飞机运上岸。自最高司令部解散以后，盟军部队全部交由荷兰人指挥，以保卫爪哇。蒲尔顿将军统帅着由两万五千名正规军组成的荷兰守备队，后来西特韦尔少将指挥下的英军分遣队也加入了这支守备军。英国分遣队由三个澳大利亚营、第三骑兵旅的一个轻型坦克营以及由英国皇家空军后勤单位四百五十人和美国炮兵部队后勤单位若干人组成。荷兰方面大概有十个空军中队，但是他们的许多飞机目前都无法使用。英国皇家空军在撤出苏门答腊后组成了五个中队，其中只有约四十架飞机是完好的，另外美军还剩下二十架轰炸机和战斗机。

保卫爪哇的任务就落在这支力量薄弱的队伍头上。爪哇的北海岸线长八百英里，有无数可以登陆的滩头。日本的运输船队从东西两面运来了四五个师团，我们无法再继续拖延爪哇的沦陷时间了。3月8日，荷兰决定让上万名英国士兵和美国士兵（包括五千名空军、优秀的指挥官莫尔特比以及八千多名英军和澳军士兵）向日本投降。

我们曾决定在爪哇与荷兰人一起抗战到底。虽然没有获胜的希望，但我们至少多次推迟了敌人攻击新目标的行动。现在，日军已完全占领荷属东印度群岛。

第二章

TWO

进攻缅甸

日军空袭仰光——第十七英印部队在萨尔温江吃了败仗——横渡
锡当河——我们撤至勃固河——美国援助对澳大利亚的重要性——我
把澳大利亚护航舰队调至仰光——澳大利亚政府的强烈反对——罗斯
福总统的进一步努力——澳大利亚没有派遣任何军队前往缅甸——从
仰光开辟出一条新的道路——顺利撤至卑谬——我军残余部队顺利脱
险——通往印度的道路被切断

　　我们都认为日军至少要等到他们在马来亚的行动取得成功以后，
才会对缅甸发起大规模进攻。可事实并非如此。日军在 12 月底前就开
始对仰光发动空袭。当时我方防卫的空军力量只有一个英国战斗机中
队和一个美国空军志愿队的战斗机中队。这支志愿队是战前为支援中
国而组建的。我请求罗斯福总统将这支英勇的队伍留在仰光。

　　首相致罗斯福总统：
　　　　我得知，蒋介石很有可能会在 1 月 31 日后将现在正有效
防御仰光的美国空军志愿队的战斗机中队撤回中国。显然，
仰光的安全对蒋介石和我们来说同等重要。如果在"旋风"
式战斗机（原定于 2 月 15 日至 20 日到达）到来之前就撤走
这支中队，后果将不堪设想。我知道马格鲁德将军已得到指
示会向蒋介石说明此事，但我认为这件事情非常重要，应该
让您知道。

　　　　　　　　　　　　　　　　　　　　1942 年 1 月 31 日

　　总统答应了我的请求。虽然这些部队力量薄弱，但却使突袭的日军伤亡惨重。而轰炸造成的军事损失虽不算严重，却引起骚乱，并在拥挤的城市造成大量伤亡。大量本地工人和军政两界的下级职员纷纷离开了自己的岗位。这虽然没有妨碍港口的正常运行，却使它受到严重影响。在1月和2月这两个月里，日军空袭受阻，而且每次的袭击都付出了惨重的代价。

　　1月16日，日军进攻土瓦，由此拉开从暹罗入侵缅甸的序幕。他们毫不费力地就占领了土瓦，而我方驻守在丹老南部的少数守军也经由海路撤退。1月20日，日军一个师团在高加力击溃印度旅之后，自东部向毛淡棉推进，数日后占领该地。

　　在日军开始进攻缅甸那几个紧张的星期里，缅甸总督雷金纳德·多尔曼—史密斯爵士镇定自若，无所畏惧。我认为，新加坡沦陷的第二天是向他致意的好时机，同时提醒他即将爆发的危机。

　　首相致缅甸总督：

　　　　我一直没有致电打扰你，但我想告诉你，我和我的同僚对你在日益艰难和危险的情况下表现出来的坚韧不拔的态度，钦佩不已。既然新加坡已经沦陷，日军一定会集中更多兵力向你发动进攻。我们将派遣实力雄厚的部队前去增援，包括一个装甲旅和两个"旋风"式战斗机中队，不久便可抵达。今晚，我们将开会讨论接下来可能采取的措施。我认为，缅甸以及缅甸与中国的联系是整个东方战场最重要的一环。希望你一切顺利。

　　　　　　　　　　　　　　　　　　　　　1942年2月16日

＊　　　＊　　　＊

　　日军数量不断增加，且占有优势，组成第十七师的三个英印旅在与其激战两周后被迫撤回萨尔温江防线。我方以寡敌众，与敌军在米邻附近展开了一场进攻与反攻的激烈战斗。到了 2 月 20 日，形势已经非常明显，为了避免全军覆没，我军不得不继续向锡当河撤退。锡当河宽五百码，水流湍急，且只有一座桥梁。在第十七师的主力部队抵达之前，日军已对桥头堡展开攻击，而退到桥梁附近的行军部队也被敌军刚抵达的新师团包围，他们从侧翼袭击我军。桥头堡指挥官认为我方正在撤退的三个旅的实力已经大为削弱，队伍分布零散且遭受重创，已陷入绝境。因此，在得到师长的批准之后，他下令炸毁桥梁。当十七师艰难抵达河岸时，却发现桥梁已被炸毁，眼前只有滚滚河水。尽管如此，这三千三百名士兵还是设法克服了这道障碍，成功渡河，可是他们只剩下一千四百支步枪和几挺机关枪，其他的武器和设备都已损失耗尽。这是一场大灾难。

现在，日军与仰光之间只隔着一道勃固河防线。第十七师的残余兵力在此重整旗鼓，来自印度的三个英军营和刚从中东调往此处的英国第七装甲旅也加入其中，这支装甲旅本打算前往爪哇，却在途中被韦维尔将军调来缅甸，并在之后的战斗中发挥了重要作用。自南掸邦由中国第六军接防之后，原来在更北边的第一缅甸师便转移到东吁南部，保卫北通曼德勒的大路。

*　　　*　　　*

在此，我不得不讲述一下发生在我们与澳大利亚政府之间的一段悲痛的插曲，以及他们拒绝我方请求支援的事情。我真希望不是由我来叙述这些事实，但要讲述缅甸战役的经过就必须要了解这些事实。不论是在英国还是在澳大利亚，许多人都只是片面地了解这些情况。我认为最好还是全面地说明双方的情况，这样才能作出公正判断，从而总结必要教训，以指导未来的作战行动。

当时时间紧急，伦敦军政两界愁云密布，好在战时内阁和三军参谋长之间意见一致。但是，我们不要忘了，澳大利亚政府的观点与我们截然不同。澳大利亚前政府在孟席斯先生的领导下建立了皇家澳大

利亚部队，并至少派遣了四个由精兵强将组成的师跋山涉水前去增援祖国。对于此次战争的发展走向以及准备不足，他们不承担任何责任。自拜尔迪耶战役以后，澳大利亚军队和新西兰师在保卫埃及的沙漠之战中发挥了最重要的作用。他们曾在战争胜利之前大显身手，也曾在重大挫折中与我们共患难。澳大利亚第九师还要在八个月之后的阿拉曼战役中向敌人发起进攻，这可能会成为历史上的决定性攻击。他们曾在希腊经历种种风险，遭受种种困难。有一个澳大利亚师在柔佛作战出色，后来到了新加坡却遭受重创并被敌军俘虏。对于这些情况，没有人给出任何解释，但英国的作战指挥应该对其负责。锡当河的灾难似乎决定了缅甸的命运，这里再一次体现了帝国政府资源和安排的不足之处。日军在兵力上占绝对优势，掌握了制空权和制海权，而且还能任意选择进攻地点，凡是了解这些情况的人，就不会怀疑日军能在数月之内攻下韦维尔指挥的美、英、荷、澳战区的所有地区。

在澳大利亚的军事思想中，新加坡是防御前哨阵地和前进阵地的关键，澳大利亚要靠它来争取必要的时间，以便美国重新掌握太平洋的制海权、美国军事援助抵达澳大利亚以及集中和重组澳大利亚军队保卫本土。他们认为，日本可能即将对澳大利亚发起进攻，这将会使澳大利亚全体人民陷入被日军征服的恐慌之中。对他们和我们来说，缅甸只是世界大战中的一个方面。虽然日本此次进攻没有对英伦三岛产生任何影响，但使澳大利亚面临致命危险。当时失败与毁灭的无情浪潮不断向我们袭来，澳大利亚政府对英国的作战指挥能力和判断能力已失去信心。他们认为，现在是时候集结所有力量来对付威胁澳大利亚生死存亡的邪恶势力了。

另一方面，这不禁让我们想起1940年，当时我们面临的危险也很可怕，而且更是一触即发，但我们并没有失去理智，甚至为了其他重要需求不惜增加自己的风险。因此，我们认为我们有资格要求他们做出相同的决定，就像我们在1940年8月所做的那样。当时，我们为保住沙漠地区，从力量薄弱的装甲部队中派去了一半兵力保卫埃及。而且这样做并不是徒劳无功的。如果澳大利亚在这个紧要关头采取相同

的举措，也许就能取得好的结果了。

就我而言，我不认为日军在获得荷属东印度群岛这一垂涎已久的丰厚战利品之后，还会再派出一支十五万人的军队——少于这个数量则于事无补——越过赤道向南行驶四千英里与澳大利亚人民大战一场，何况澳大利亚士兵在每次作战中都体现了他们的战斗素质。尽管如此，我仍是第一个提出应从中东抽调两个最精锐的澳大利亚师回防澳大利亚的人，而且在澳大利亚各部长尚未提出这个要求前就在议院宣布了这件事。此外，我 1 月份在华盛顿时，罗斯福总统向我承诺过美国舰队将会全力负责澳大利亚的海上防务工作，而且还会派遣九万余名美国士兵前去增援，这些措施正在迅速实施当中。现在，缅甸爆发了非常紧张的战争危机。在战时内阁和三军参谋长的强烈支持下，我向柯廷先生表达了我的意见。

首相致柯廷先生：

1. 想必您已知道，您的先遣师是唯一能及时到达仰光的部队，能够保卫仰光并防止它与中国的交通线被切断。该师的先头部队现正乘着我方仅有的英美船只（"蒙特弗农"号）从科伦坡南部向荷属东印度行驶，且在 26 日或 27 日就能开始在仰光登陆。目前，没有其他力量可以填补这个缺口。

2. 我们完全赞成让所有澳大利亚军队回去保家卫国，并从各个方面协助军队的运输工作。但我们也不能忽视这一至关重要的战争的紧急战况，且正在开赴其他目的地的军队必须做好调转方向的准备，以便加入战斗。我们将尽一切努力，以便尽早接替该师并将他们运回澳大利亚。我不赞同美国要您另派两个师前往缅甸的要求。这两个师将会尽快回到澳大利亚。但是，现在仰光需要这个先遣师，而且只有他们才有可能挽回局势。

3. 请重读您 1 月 23 日的电文，您在电文中说撤出新加坡将是"一个不可饶恕的叛变"。我们正是因为同意您的观点，

才将第十八师和其他重要援军派往新加坡，而非调至缅甸；而且我们还命令他们抗战到底。他们在新加坡战败，未能守住新加坡，否则，他们定能保卫仰光。我同国防委员会的同僚们对这项决定全权负责，不过，我们是根据您所发电报才做出的决定，所以您也要负大部分责任。

4. 在这一危急时刻，您必须依靠美国才能获得最大支持。美国单凭自己的力量便可派遣必须的陆军和空军前往澳大利亚，而且他们似乎正打算这样做。您也知道，总统高度重视与中国交通线的畅通，不然他就无法对日本进行轰炸；而且如果盟国切断了对中国的一切援助，那将会对亚洲产生极为严重的影响。

5. 我确信，如果您拒绝让你方正经过缅甸的部队去填补这一缺口，结果像前面所说的那样导致整个战争形势进一步恶化，那么也将会对总统和华盛顿方面产生严重影响，而您又不得不依靠他们的大力支持。请特别注意，美国有意将海军主力从夏威夷调往澳新地区。

6. 我们必须立即得到您的答复，因为护航队的首批舰只很快将会朝着与仰光的位置相反的方向驶去，每过一天就要多损失一天。因此我相信，为了所有人的利益，尤其是为了您自身的利益，您将会充分地考虑我向您提出的问题。

1942 年 2 月 20 日

同时，我还致电罗斯福总统，他不仅对通往中国的滇缅公路特别关心，还强烈要求澳大利亚方面考虑我方请求。

前海军人员致罗斯福总统：

1. 只有澳大利亚先遣师才可以及时抵达仰光，阻止敌军，以使其他援军赶至此地。这些军队 26 日或 27 日即可抵达。由于作战需要，我们已经要求澳大利亚政府同意这一调

动，还承诺会尽早予以换防。澳大利亚其他军队也会尽早回国。可是，澳大利亚政府竟断然拒绝了我的这一请求。鉴于保持滇缅公路畅通无阻以及同蒋介石保持密切联系具有重大意义，我再次向他们提出这一要求。

2. 鉴于您派遣美国军队协助澳大利亚防务，还有可能会采取海军行动，我认为您有权督促盟军采取这一行动。请您发一份电报给我，这样我就能将其附在我刚发出的那封措辞强硬的电报上。我们这里的三军参谋长态度非常坚决，我相信在华盛顿的联合参谋长委员会也会如此。您有必要与凯西谈一谈。

1942 年 2 月 20 日

罗斯福总统立刻发了两份电报。2 月 21 日，他复电如下：

我希望您能说服澳大利亚政府，让他们同意暂时将澳大利亚师的先遣部队调往缅甸。我认为这件事情至关重要。请告诉他们，我正加速增派军队和飞机前往澳大利亚，而且据我估计，澳大利亚的形势非常乐观，前途一片光明。

总统致电柯廷先生：

总统致澳大利亚总理：

您要在当前严峻的形势下就部署从中东返回的第一澳大利亚师做出决定，责任之重我是完全理解的。

想必您也知道，除了目前正在途中的各部队以外，我们还决定再增派一支由两万七千名士兵组成的军队前往澳大利亚，且这支军队在各方面都装备齐全。我方一侧以澳大利亚为基地，另一侧以缅甸、印度和中国为基地，为了保护这两翼，我们必须奋战到底。鉴于美国的地理位置，我认为我们可以更好地处理澳大利亚增援和右翼的相关事宜。

我向您说明此事是希望您能相信我们会以最快速度全力增援澳方。此外，美国海军已经采取的以及尚在筹备当中的军事行动，将会在一定程度上为澳大利亚和新西兰海岸提供保护。另一方面，一定要守住左翼。在我看来，如果缅甸失守，我方整体局势连同澳大利亚的局势都将面临严重危险。澳大利亚师是目前唯一能够立即前去支援的部队。他们可以马上参与作战，我也相信他们有能力挽救目前危险的局势。

同时，我也知道日军正在迅速展开行动。但是，从你们所处的地理位置、正派往你方的军队或是正在你处周围作战的军队情况来看，我不相信你们重要的中心地带已岌岌可危。

我知道，你方士兵一直包括现在仍然在世界各地坚持抗战；我也清楚澳大利亚在此次战争中做出的巨大牺牲，但是从我们在远东的整个战局利益出发，我想请您重新考虑您的决定，并命令此刻正驶往澳大利亚的师以最快速度前往缅甸支援英军作战。

我向您保证，我们愿竭尽全力同你们并肩作战，直到取得胜利。

1942 年 2 月 20 日

韦维尔将军负责美、英、荷、澳战区的防御工作，柯廷政府对此也欣然接受。早在几天前，韦维尔将军就以个人名义提出类似要求。而且他确实曾要求澳大利亚军需服从上述调动。

澳方的回应令大家感到惊讶。

陆军元帅迪尔致首相：

霍普金斯刚才告诉我，柯廷拒绝了总统派第一澳大利亚师增援缅甸的要求。

1942 年 2 月 22 日

澳大利亚总理致首相：

1. 尽管您早就知道，我们希望在太平洋战区部署皇家澳大利亚军队，而且您还曾在对下议院的报告中对此给予支持，但在这最后关头，我还是收到了您措辞激烈的请求。此外，佩奇已于2月15日收到关于我方意见的长篇报告。

2. 增派兵力支援缅甸的建议是由美、英、荷、澳战区最高统帅提出的。马来亚、新加坡和帝汶岛都已失守，荷属东印度群岛很快也会被日军占领。敌军凭借其优秀的海空兵力，已开始向我国西北部以及拉包尔东北部进攻。我国政府已竭尽所能增援美、英、荷、澳战区。起初，我国政府派遣了一个师（缺一个旅）和一些辅助部队前往马来亚，后来，我们又增派了一个机关枪营和实力雄厚的援军。不仅如此，我国政府还派遣军队前往安汶岛、爪哇、荷属帝汶岛以及葡属帝汶岛，随后又派去了六个空军中队，还从皇家澳大利亚海军中派出了两艘巡洋舰。

3. 您曾建议调遣两个澳大利亚师前往太平洋战区，之后您又公开表示，绝不阻挠皇家澳大利亚部队回去保家卫国。我们同意让这两个师分别驻守在苏门答腊和爪哇，并在2月15日发给佩奇的电报中指出：如果形势仍然对日军有利，这一部署将为我军撤回澳大利亚提供一条退路。

4. 我们与美、英、荷、澳战区的命运紧密联系在一起，但这一战区的形势现在却恶化到如此地步。日军此时正向澳新地区南部推进，三军参谋长建议必须确保该地有足够的兵力可以击退进犯澳大利亚的敌军，鉴于此，我国政府实在不能理解为什么还要我们再召集兵力驻守美、英、荷、澳战区最遥远地带。尽管您在报告中表示您不同意从皇家澳大利亚部队中另派两个师前往缅甸的请求，但我们的顾问都非常关心韦维尔关于调遣军队的请求，也很关注迪尔的报告，报告称，由于缅甸地区可能急需更多军队，因此尚未决定第六和第九澳大利亚师的去向。一旦有一个师参与作战，其他师就不能不予以支援。种种迹象表明，整个军队将不得不在该地区展开作战，而该地区可能会再次出现希腊和马来亚战役的情形。最后，从日军占有优势的海空力量来看，澳大利亚师能否在缅甸登陆还是未知数；至于能否像曾经承诺的那样调出则更值得怀疑。既然新加坡、槟榔屿和马达班已经失守，而日本又在该地拥有海空优势，那么孟加拉湾就容易受到攻击。根据以往经验，将我军调至这一战区实属军事冒险。倘若战果不佳，澳大利亚人民会在精神上受到严重打击。因此，我国政府必须坚持自己的决定。

5. 您发电文称，是根据我方电报才决定将第十八师从缅甸调至新加坡。我必须指出，我方发电报的日期是 1 月 23 日，而您是在 1 月 14 日来电，并在电文中告知我，该师有一个旅定于 1 月 13 日抵达，其余各旅将于 1 月 27 日抵达。

6. 鉴于上述的种种原因以及皇家澳大利亚部队在中东所做奉献，我们认为我们有权要求将他们尽早调回国内，并希望你们派出数量足够的护航舰保证他们安全抵达。

7. 我们向您保证，也希望您能转告总统，他非常清楚我们为这一共同事业已经尽了多大力量，如果有可能将我方军队调至缅甸和印度，且我方顾问认为这样做不会危及我们的安全，那么我们将会同意这一调动。

1942 年 2 月 22 日

在发之前那封电报时，我措辞谨慎，目的是避免说我方判断是受柯廷先生抗议的影响，而电报中的第五段则是对我的电报的反驳。事实上，第十八师的一个旅在他发来电报前就已经登陆，但这个旅本来是要调去其他地方的，而另外两个旅及其重要的增援部队当时没有承担任务。正如我前面所说的那样，我们对这个决定负责，但是，既然柯廷先生也激烈地参与了讨论，他就不应该认为自己对此不负任何

责任。

与此同时，我已经将澳大利亚运输舰调至仰光，我认为这样做会收到良好反响，至少能给澳大利亚进一步考虑的时间。

首相致澳大利亚总理：

我们没有想到，您竟会拒绝我们以及美国总统提出的关于调动澳大利亚先遣师挽救缅甸形势的要求。我们知道，如果在等待你们正式同意的期间，我们的舰船按照航线驶往澳大利亚，那么不是它们太晚抵达仰光，就是燃料不够无法抵达。因此，我们决定让运输船队暂时向北航行。现在，这支运输船队已经向北航行太远，其中一些船只不补充燃料就无法抵达澳大利亚。这些实际情况进一步促进了形势的发展，如果您愿意的话，也可以花几天时间回顾一下当前的形势。不然，我们将按照您的意愿尽快将澳大利亚先遣师调回澳大利亚。

1942 年 2 月 22 日

首相致韦维尔将军：

澳大利亚政府拒绝派遣先遣师军队前往仰光支援作战。不过，我们深信澳大利亚政府一定不会在重要关头袖手旁观，于是我们昨天下令运输舰向北航行。由于运输舰向北航行得太远，以至于必须添加燃料才能继续驶往澳洲。为什么这样做？因为这样一来，仅以一票优势获得政权的澳大利亚政府将有三四天时间重新考虑美国总统反复提出的要求；也能让我们看到赫顿将军率领的部队是如何在缅甸前线作战的。

非常感谢你美好的祝愿。我相信全国人民都会一致支持我的决定，就当前我们所处的困境而言，这未尝不是一件好事。

1942 年 2 月 22 日

但澳大利亚政府的反应却不利于形势的发展。

澳大利亚总理致首相：

1. 在 2 月 20 日的电报中，您曾明确表示运输船队不会向北航行。但从 2 月 22 日的电报来看，您已经将运输船队调往仰光，且将我方对这一重大调动的意见看作是一种形式而已。您这样做已使运输船队面临更大风险，因此，您应对这一调动导致的后果负全责。

2. 我们已经告诉总统我们做出这一决定的理由。考虑到总统与我通讯的条件，他的复电非常简短，他表示他完全理解我方做出这一决定的理由并表示赞赏。我们对他的复电也很满意。

3. 韦维尔在电文中表示，敌军即将进攻爪哇，太平洋战争委员会在星期六慎重考虑电文内容。此外，澳大利亚的外围防御现在正迅速瓦解，我方弱点暴露无遗。

4. 我们曾设法派遣皇家澳大利亚军队前去支援马来亚和新加坡，退而防守荷属东印度群岛。北方所有防务已经瓦解或濒临瓦解。可是，您现在却想派遣皇家澳大利亚军队前去支援缅甸。就像当时在希腊那样，这一切都是在空中支援力量不足的情况下进行的。

5. 我们认为，首要任务是挽救澳大利亚。这不仅是为了澳大利亚自身，更是为了保护它作为抗战发展基地的需要。我们极为谨慎才做出这一决定，并进行了反复确认，因此，要在这种情况下推翻它几乎是不可能的。

6. 我方三军参谋长指出，尽管您在 2 月 20 日的电报中只提到了先遣师，但实际上，这两个师都要利用飞机运载，因此，目前根本无法将它们分开，因为所有飞机的目的地将由第一架飞机的目的地决定。这一事实让我们更加坚定了我们的决定。

1942 年 2 月 23 日

我的回电如下：

首相致澳大利亚总理：

您 2 月 23 日电文已收到。

1. 澳方的运输船队正驶往科伦坡补充燃料，之后将按照您的意愿驶往澳大利亚。

2. 在等待您答复的几个小时内，我决定让运输船队调转方向向北行驶，这是有必要的。否则，即使有了您提供的援助，也不能及时抵达。

3. 运输船队一旦向北行驶，就可增加护航舰，且该护航舰会一路随行，直到抵达科伦坡。只要这一方案切实可行，那么在运输船队驶离科伦坡时，也将这样做。

4. 当然，我会对我采取的行动全权负责。

1942 年 2 月 23 日

到目前为止，我们已竭尽所能。

罗斯福总统致首相：

1. 最后，柯廷先生还是拒绝了我们的强烈要求，鉴于此，我向他发送了以下电报，希望他们能再派一支分遣队协助缅甸前线的防务。

2. "致柯廷。感谢您 20 日的来电。虽然我不能完全同意您急需调回澳大利亚师的决定，但我充分理解您的处境。我认为，我们必须不惜任何代价防守澳大利亚和缅甸两个主要基地，现如今，主要威胁在缅甸，即左翼，且我相信我们能够安全地守住澳大利亚，即右翼。另派的美国增援部队装备齐全，整装待发，即将开往你处。鉴于上述一切情况，当然也要看未来数周内的局势变化，我希望您可以考虑一下将第二个返航的师调往印度或缅甸，以协助该战线的防御工作，使该地区成为一个稳固的防御地带。在任何情况下，我们都会给予全力支持。罗斯福。"

3. 我正在拟订附加计划，以加强澳新岛屿的安全控制，并进一步阻挠日军的进攻。

1942 年 2 月 23 日

首相致澳大利亚总理：

1. 缅甸总督 2 月 24 日十八时三十分从仰光来电："目前战局无重大变化，但如果澳大利亚军队能前来增援，局势会得到根本好转。尽管将澳军调遣至此并非易事，但我认为还是值得冒险一试，否则，缅甸大门就向日军敞开了。"

2. 缅甸总督 2 月 25 日二十三时二十分从仰光来电："我迫切需要知道澳大利亚师能否赶来增援，请即刻回复。"

3. 当然，我已经将您的决定告知总督。

1942 年 2 月 26 日

首相致缅甸总督：

我们已经发出各种要求，并得到罗斯福总统的支持，可澳大利亚政府仍坚决表示拒绝。请你们继续战斗！

1942 年 2 月 25 日

首相致伊斯梅将军，转参谋长委员会：

我们现在能将哪些部队调往仰光前线，又有哪些部队现在正在前往仰光的途中，希望你能就此做一份简短报告。另外，关于印度现有兵力是否足以抵御敌军的袭击和进犯，希望你也能做一份简短报告。最后，我还想知道锡兰海、陆、空三军的实际作战情况，以及空军和陆军增援部队到达的具体日期。

1942 年 2 月 27 日

首相致霍利斯上将，转参谋长委员会：

1. 鉴于军队在仰光撤退，随后新的交通线又受阻，第七十师第二旅应否前往锡兰便成了一个问题。这个旅要多久才能抵达？

2. 希望你能就雷达设施及任何改进建议做一份报告，并附上日期。

3. 我希望海军部在亭可马里留有足够的重型军舰，能在我方获得增援前的紧张的两三个星期内击退敌军的海上远征队。

4. 我确信，有必要解除"无畏"号各分舰队在锡兰的任务。

5. 请向我提交一份3月至5月期间海军增援部队以及我方在印度洋上所建舰队的一览表和时间表。

1942年2月28日

＊　　＊　　＊

我们指挥的部队都无法及时赶到仰光进行支援。可是，就算我们派遣不了一支部队，派遣一位指挥官还是可以的。虽然我们与澳大利亚之间的通信并不愉快，但我们还是决定派亚历山大将军飞往那个注定要沦陷的首都——仰光。为节省时间，他打算直接飞越大片敌占区。在从三军参谋长和陆军部了解到所有实际情况以后，亚历山大将军在临行前与我和我的妻子在首相官邸共进晚餐。我对那个晚上记得非常清楚，因为我从来没有经历过派遣一位将军去执行如此希望渺茫的任务。亚历山大还是像往常一样，冷静镇定，幽默乐观，并表示他很乐意前往仰光。在第一次世界大战中，亚历山大曾在警卫师担任团级军官作战多年，人们都称他有天神护佑，刀枪不入，所以即使面临枪林弹雨，士兵也愿意紧紧追随他。不论是担任尉官，还是担任最高统帅，士兵总是对他充满信心。他是敦刻尔克战役中仅存的一位英国指挥官。

他从来不受任何事情的干扰或是感到恼火，对他来说，任务本身就是一种无穷的快慰，在任务艰巨危险的时候更是如此。除此之外，他诙谐幽默，平易近人，同他结交的人都感到荣幸与开心，因而十分珍惜这份友情，我也算其中一个。我必须承认，在共进晚餐的时候，我发现要做到像他那样沉着镇静并非易事。

3月5日，亚历山大将军就任，奉命尽力守住仰光；如果仰光失守，则向北撤退以保卫上缅甸，并与他左翼的中国军队保持联系。亚历山大将军很快就意识到，缅甸注定会沦陷。日军此时正猛烈进攻勃固，并向北翼包抄，企图切断仰光至卑谬的公路，这样一来，他们就堵住了该城在陆上的最后一条出路。韦维尔现在担任了印度方面的总司令，他对缅甸战役有最高指挥权。

> 韦维尔致帝国总参谋长和首相：
>
> 　　前两天同缅甸方面的通讯耽搁了很久，因为无线电讯似乎已经全部遭到破坏，而我也没有收到亚历山大发来的任何消息。我根据今天早上从海军方面收到的消息，得知亚历山大将军在昨晚午夜时分突然决定放弃仰光，且命令已在途中的运输船队返航，并进行破坏工作。我立刻致电亚历山大询问情况，但现在还没有得到答复。我一得到正式消息就会马上通知你们。
>
> 　　　　　　　　　　　　　　　　　　　1942 年 3 月 7 日

其实，亚历山大已下令炸毁仰光的大炼油厂，还进行了许多其他的破坏工作，同时，他还命令所有军队沿着通往卑谬的公路向北突围。日军曾试图从西面进攻仰光，为了保护其负责实施包围的师团，他们还派出一支强大军队固守公路。由于我方军队刚开始的几次突围行动受挫，我们认为有必要集结所有可投入作战的援军。敌我双方已激战一天一夜。日军指挥官却坚持执行命令，当他确定负责实施包围的师团已经抵达能从西面进攻仰光的阵地时，便以为自己封锁公路的任务已经完成。因此，他开放了通往卑谬的公路，并率领军队向前行进，参加了日军的攻城大战。与此同时，亚历山大率领全军向前推进，带着他的运输车辆和炮队有序地逃出了仰光。日军并没有对我方向北撤退的军队步步紧逼，因为这场激战使他们伤亡惨重，而且在经过长途行军后，他们也需要休整一下。缅甸师从容不迫地打了一场掩护战后便回到东吁，而第十七师和装甲旅也顺利抵达卑谬。

* * *

将军队从上缅甸解救出来需要经过一番长期艰苦的斗争。韦维尔并没有低估这些困难。

韦维尔将军致首相：

如果日军下定决心进攻的话，我认为上缅甸守不了多久。因为许多军队仍然缺少装备，且下缅甸失守的经历让他们感到战栗，剩下的几个缅甸步枪营能起多大作用仍是未知数，且炮兵也所剩无几。目前，我们已无法提供援兵。与中国方面的合作也非易事。他们不但怀疑我们的战斗力，而且还有退缩的倾向。因此，他们对抗日军的丛林战是否会比我军更成功还很难说。不管怎样，亚历山大善战这一点我们还是可以信赖的，日军的困难一定很大。

1942 年 3 月 19 日

亚历山大、蒋介石和美国将军史迪威三人之间的指挥权问题十分复杂。史迪威将军刚从中国回来，将负责指挥中国第五军和第六军，这两个军由六个师组成，现在正在缅甸。蒋介石接受了我方要求，同意亚历山大对缅甸境内的所有兵力拥有最高指挥权。但罗斯福总统认为，最好能在亚历山大和史迪威之间保留双重指挥权。在这一艰难时刻，我不想在这方面产生争执。

罗斯福总统致前海军人员：

关于您在来电中谈到的缅甸指挥问题，最近，我已经要求蒋介石继续增援缅甸前线，并允许史迪威尽快下达安排合作的相关指令，这些指令都是以他经联合参谋部批准的原始指令所规定的原则为依据。从史迪威近期发来的电报中可以看出，他能够同亚历山大继续有效合作，但现在迫切需要中国增派军队。蒋介石已派史迪威指挥中国第五军和第六军，但不幸的是，在指挥权情况尚未明确之时，他不允许将这两军全部调往缅甸。史迪威不仅迫切要求蒋收回这一观点，而且实际上已经命令增派的部队向南推进，并希望蒋能够批准。尽管指挥问题复杂，史迪威还是提出了一个能够确保全面合作的方法，只是再加入一位中国司令官可能会让亚历山大将军为难。史迪威不仅足智多谋、精明能干，而且还非常了解中国人，他能够说一口流利的中文，显然，他并不是一个自私自利的人。他在最新的电报中说道："我已同亚历山大就合作事宜进行安排，指挥权问题不会影响作战行动。我还请蒋介石另外增派三个师前往缅甸。"在这种情况下，我建议先将指挥权放在一边。我认为亚历山大将军和史迪威将军能够密切合作。奇怪的是，他们二人本来打算在法属北非会晤，现在却在眉苗见面了。

1942 年 3 月 20 日

* 　* 　*

仰光失守便意味着缅甸失守。而日军将在接下来的战役中与即将来临的雨季进行严酷赛跑。亚历山大无法获得增援部队，因为我方没有可让军队登陆的港口。我方空军力量薄弱，在掩护撤退的军队和牵制数量众多的敌机后，他们不得不从仰光设备齐全的基地转移到连警报设施都没有的降落场；实际上，他们在 3 月底前就已经被消灭了，且大多数都是在地面上被敌军击毁。以印度为基地的飞机设法空投军需品和医药品，并疏散八千六百名人员，其中包括两千六百名伤员，而我方其余部队和广大非战斗人员则别无选择，只能徒步行进六百英里穿过丛林与大山。

3月24日，日军继续展开攻势，向驻守在东吁的中国师进攻，经过一个星期的激战，最后占领了该城。四天后，他们沿伊洛瓦底江两岸向卑谬进攻。4月底，敌人已逼近曼德勒，而我军同中国保持联系和守住缅甸的希望也已破灭。部分中国军队撤回中国，而其余部队则在史迪威将军的率领下沿伊洛瓦底江北上，他们一路翻山越岭前往印度。亚历山大将军带领英军向西北方向行进前往加里瓦。只有这样，他们才能守卫印度东部的边界，该地早已受一支沿钦敦江北上的日本部队的威胁，且国内的印度国大党也对其进行干扰。这里的道路同林间小路差不多。成千上万的难民堵在路上，他们不是有伤就是患病，人人饥肠辘辘。亚历山大的军队和缅甸政府采取了一项重大举措，将这批人带到了安全的地方。这项措施得到了总督和总督夫人的同意，并且得到了印度的支援，尤其是阿萨姆邦北部的农场主的支持。在我们所预测的雨季刚过去两天，即5月17日，亚历山大才发出报告称，尽管损失了全部的运输车辆和几辆剩余的坦克，但他的军队已经顺利脱险并集中在英帕尔。这是他第一次独立指挥军队。尽管这次指挥以失败告终，但从中体现了他的军事才能，以及他沉着冷静和聪明果断等优良品质，而这些品质使他后来成为盟国一流的军事领导人。

敌军封锁了通往缅甸的道路。

第三章
THREE
锡兰和孟加拉湾

英国东方战线的形成——对印度战区的增援——进一步巩固科伦坡防务——印度洋危机——日本舰队的进犯——对科伦坡的空袭——"多塞特郡"号和"康沃尔"号的命运——在孟加拉湾肆虐——决定将东方舰队调至东非——坚守锡兰的必要性——日本停止进犯——印度洋的真空地带——坚持我们的主要目标

日本远征军凭借占有绝对优势的海空力量，席卷了荷属东印度群岛的全部要塞以及暹罗和整个英属马来亚。他们已经占领了缅甸南部和安达曼群岛，现在又对印度构成威胁。印度和锡兰的海岸，以及在更远的西面我们为中东提供支援的唯一通道，都面临着日军大规模袭击的危险。在马达加斯加，维希法国显然一定会投降，就像它曾在印度支那所做的那样。因此，马达加斯加的情况令我们深感焦虑。

我们当前的首要任务是派出一支数量可观的陆军增援印度，并取得印度洋，尤其是孟加拉湾的制海权。锡兰拥有科伦坡和亭可马里那样的港口，因此能够成为我们正在建立的东方舰队的唯一真正的优良基地。为在预期的日本进攻之前向锡兰提供充足的战斗机，我们做出了积极的甚至是疯狂的努力。"无畏"号航空母舰在这个紧要关头已不再充当战舰，而是以全速往返航行，转运飞机及其设备。澳大利亚政府同意让从沙漠返回本国的两个旅在中途转向，并在此危急时刻协助守卫锡兰，直至英军抵达。这一权宜之计大受欢迎。

海军部曾对我军舰队对日作战时在印度洋上隐秘的停泊地进行了长期研究。阿杜环礁是位于马尔代夫群岛南端环绕着深水盐湖的一群珊瑚岛，距锡兰西南约六百英里，可以临时替代科伦坡。这个地方距

离主要航线非常遥远，且敌军只有远涉重洋才能到达此处，但我方舰队却能在科伦坡攻击范围内在此获得隐蔽地、燃料和军需品。这个盐湖同斯卡帕湾一样大，可通过暗礁的四道深水通道进入。我军在四周丛林密布的岛屿上安装了炮台和探照灯，将补给舰和医院船停在湖中，且正在建设飞机场和水上飞机基地。这一切在相当长的一段时间内都未被敌人察觉。我们将这一海港称为"T港"，它在印度洋战略中起到了重要作用。

自年初以来，我方海军一直努力在印度洋建立起一支能够保护我们在该区利益的舰队。萨默维尔海军上将在直布罗陀海峡指挥"H"舰队时表现出色，因此，我们选择让他接替不幸的汤姆·菲利普斯的职务。3月24日，萨默维尔乘"可畏"号航空母舰抵达科伦坡。在就任司令之后，他指挥的军舰有："沃斯派特"号战列舰，该舰十个月前在克里特战役中遭受重创，修复后刚从美国经澳大利亚驶回；旧式"皇家"级战列舰四艘；航空母舰三艘，其中包括"赫尔米兹"号轻型航空母舰；巡洋舰七艘，其中包括荷舰"赫莫兹克"号以及驱逐舰十六艘。

我们已经没有时间对从远方召集回来的舰队进行训练，使其成为可协同作战的舰队。起初，这支舰队被分成两部分，一部分驻守在科伦坡，另一部分则驻守在"T港"。由于一些飞机早已抵达孟加拉湾西海岸，因此，我们反复强调要尽快完成该地的空军基地建设。但在印度，一切都进展得十分缓慢。我再三指出，所有措施都已通过协商达成一致，并极为紧急地催促他们尽快完成。

首相致伊斯梅将军，转参谋长委员会：

1. 请允许我再次说明印度战场的增援情况。第七十师的先头旅必须尽早抵达锡兰（何时？），同时还有运输反坦克炮和高射炮的大型舰队。之后，澳大利亚第六师的第十六旅和第十七旅也将抵达。这些部队将在锡兰停留七至八个星期，而船只的调动则必须为军队提供便利并确保其准时抵达。此

外，韦维尔不但可以自由调遣正在途中的增援部队，还能派遣第七十师的其余两个旅前往印度，或将他们派往缅甸前线。得知增援部队即将抵达，韦维尔更能自由地指挥在缅甸前线作战的英国国内保安营部队。

2. 鉴于敌军只能派出一艘航空母舰进行空袭，我方"无畏"号两个空军中队将于本月6日抵达锡兰，他们将连同现有的空军共同保护两个澳大利亚旅（它们到达后）和在港口的两艘"皇家"级战列舰。"无畏"号在月底前应该就能完成武装以投入战斗，而"沃斯派特"号不久后也将抵达。我们还将集结一些巡洋舰和一支由近二十艘舰艇组成的大型舰队。由于"可畏"号和"英勇"号也将在数周内抵达，因此，形势将会逐渐好转。

3. 请告诉我，我们是否能就上述情况达成一致，因为在细节方面产生分歧和误解会增加我们极大的负担。

1942年3月4日

* * *

我们当然应该严肃看待日本的实力，但重要的是，我们不应当过分夸大。

首相致海军大臣和第一海务大臣：

目前日本正在同时建造九艘主力舰与两艘大型航空母舰这一消息是否可靠？倘若如此，那我方前途实在堪忧。请问这一消息有何依据？从现在起，要在两年内建成如此庞大的舰队需要多少钢板、钢材与各式新装备？哪些造船厂能同时建造这么多舰只？预计什么时候能完工？你们对日本军械工业了解多少？也许还有其他问题需要你们解释，请尽快给我详细答复。

无论如何，我们一定不能低估日本，但是，我们需要了解真相。

虽然我目前还无法完全相信上述臆测，但我还是诚恳地批准了发展以陆地为基地的鱼雷飞机这一要求。

1942 年 3 月 10 日

首相致海军大臣：

假设这些船只都能如期完工，那么 1937 年着手建造的"吴港"号在 1941 年就应该已经完工，但据说它现在才加入舰队，已经延迟了一年。"佐世保"号预计五年内完工，而"舞鹤"号预计完工的时间则只有四年。能否将这些舰只与"英王乔治五世"级的五艘舰只或者现代化的美国舰只做一下比较？此外，他们能否在四年内建成二万七千吨级的航空母舰？他们真能在开工后一年内完成吗？请告诉我美国和英国造舰开始和完工的日期。

1942 年 3 月 19 日

我们不能总是根据最坏的猜测采取防御措施，因为这样会使我们有限的资源无法得到最合理的配置。海军部情报处采取慎重的态度是正确的，但在我看来，虽然我们有许多错误的冒险行动，但还是必须进行下去。现在我们知道，其实日本海军建设就像我们自己的那样，远远落后于计划。

我方情报报告提到日本师团的分布情况，这在某些方面还是令人安心的。

首相致参谋长委员会：

1. 从日军的部署情况来看，他们似乎不太可能立即向澳大利亚发起全方位进攻。既然你们现在正在评估澳大利亚的作战形势，那么可将日军部署情况作为你们考虑的出发点。

2. 在我看来，如果日军在穿过阿萨姆邦时遇到困难，而我方在锡兰的作战形势又趋于稳定，那么他们就很有可能转向北方，进攻中国。

1942 年 3 月 13 日

首相致澳大利亚总理：

我们注意到了您的建议，也充分理解您的立场。但我们不能按照您的建议解除我们与中东之间所有海上交通的掩护，因为这是我们在中东作战的大量军队赖以生存的交通线。此外，只要我们有能力保护锡兰，就不可能置它的安危于不顾，也不会不增援与保卫印度。您也看到，我们从仅有的四艘快速装甲航空母舰中派出了三艘前往太平洋，使得我方停泊在印度洋上或即将停泊在此处的战舰一旦遭受空袭，将得不到任何庇护，从而无法参战。这样一来，我们平均每月运载近五万人前往中东或印度的所有运输船队便失去了掩护，日军只需派出一艘航空母舰支援两三艘快速巡洋舰或战列巡洋舰就能将其毁灭。尽管我们十分钦佩您在备忘录中体现出来的进取精神，也和您一样希望能早日获得主动权，但我们认为，像您建议的那样不考虑其他风险和任务的做法实为不妥。

不过，当罗斯福总统关于建立新组织的提议获得通过后，华盛顿方面无疑会就上述问题进行讨论。关于成立新组织一事，我已将联合王国陛下政府向罗斯福总统传达的观点发送给您。

1942 年 3 月 20 日

我相信，只要我们做好阻止日军进犯的一切准备，或在需要的时候做好抵抗的准备，日军就不会进攻澳大利亚。在我看来，他们此时的最佳举措是结束在中国的战争。

首相致伊斯梅将军，转参谋长委员会：

　　对日本来说，北上向重庆推进才是正确之举。他们到了重庆就可能会决定不进攻印度，尤其是因为现在我们在锡兰作战更加游刃有余。但我们如果打算与中国人的命运紧密联系在一起的话，就应该同蒋介石达成共识，如果可能的话，让他要求我们根据实际情况采取正确的战略行动，这一点非常重要。

1942 年 3 月 25 日

首相致伊斯梅将军，转参谋长委员会：

　　1. 让我们整理一下锡兰的情况。我们想在锡兰建立完整的海军防务基地（在科伦坡）。这是因为我们想从该地派遣舰队前往孟加拉湾作战，这样就不必从远在六百英里以外的"T 港"调动舰队。锡兰绝不会同意任何会危及海军基地或妨碍舰队使用海军基地的调动。

　　2. 我们曾希望"沃斯派特"号和另外两艘装甲航空母舰能在孟加拉湾发挥重大作用。但将这样一艘快速航空母舰派到"T 港"去保护那些毫无用处的"皇家"级战列舰似乎是一次重大的决策失误。既然那些战列舰毫无用处，甚至会成为累赘，为什么不把它们调去亚丁湾或是海上巡逻，让航空母舰派上用场？两艘航空母舰一起出战比两艘单独作战的航空母舰要强得多；同样，一次性派出三艘航空母舰要比两次各派出两艘的力量大得多。

1942 年 3 月 27 日

　　到了 3 月底，科伦坡的局势确实变得更加安全。在多比亚克空军中将的指挥下，我们竭尽全力集结了六十余架可使用的战斗机和一个小规模短程轰炸机队。这至少能够确保日军的空袭将会遭到我方的强烈反击。

* * *

孟加拉湾和印度洋即将发生惊心动魄的事件。3月28日，萨默维尔海军上将得到消息，称日军即将率领包括航空母舰在内的强大兵力于4月1日左右进攻锡兰。3月31日，萨默维尔将舰队集结在锡兰以南，因为这里有利于防守；同时，他还派飞机前往距科伦坡一百二十英里的地方巡逻。当时只有六艘"卡塔利娜"式水上飞机能执行远程侦察任务。能干的锡兰总司令莱顿海军上将立即命令其部队紧急备战并疏散了港口的商船。"多塞特郡"号巡洋舰的整修工作也突然中止，且与"康沃尔"号一同加入萨默维尔海军上将集结的舰队。

3月31日至4月2日，我方军中充斥着焦躁不安的情绪。我方舰队仍在指定等待的区域内巡逻，但除了发现日军潜艇在锡兰东南面巡逻外，没有发生任何其他事情。4月2日傍晚，萨默维尔海军上将在"皇家"级战列舰快要缺水的时候做出判断，不是敌军在等我方资源耗尽从而被迫撤退，就是情报局关于敌人即将发起进攻的情报有误。虽然很不情愿，但所幸的是他还是决定返回六百英里外的"T港"。"多塞特郡"号和"康沃尔"号返回了科伦坡。

4月4日，舰队刚抵达阿杜环礁，一架正在巡逻的"卡塔利娜"式水上飞机就发现有大量敌舰正向锡兰逼近。这架飞机还没来得及报告敌军的情况就被击毁。由此可以证明之前的情报是正确的，只是日期有误，且锡兰在第二天无疑会遭到攻击。当天晚上，海军上将率领"沃斯派特"号、航空母舰"无畏"号和"可畏"号以及两艘巡洋舰和六艘驱逐舰离开阿杜环礁。同时，他还命令威利斯海军上将在"皇家"级战列舰准备停当后，率领它们和其余舰船紧随其后。

4月4日晚上，空中巡逻队频频向莱顿将军发来报告，称敌军正在不断逼近。4月5日是复活节，当天早上不到八时，日军向我们发起了预料之中的进攻，他们派出了八十余架轰炸机袭击科伦坡。我方严阵以待。经过激烈的空战，我方击毁了敌方二十一架战机，代价是

十九架战斗机和海军航空兵部队的六架"旗鱼"式飞机被击落。上午九时三十分，战斗停止。幸好我方及时疏散了港口的船只，所以损失不太严重，只是港口设施受到一些损坏。"坦尼多斯"号驱逐舰和"赫克特"号武装商船被击沉，但只有一艘商船被击中。

此时，"多塞特郡"号与"康沃尔"号正前往萨默维尔海军上将的舰队。当天风和日丽。

"多塞特郡"号舰长艾加知道敌人就在附近，所以他命令舰队全速前进。上午十一时，他发现一架日军飞机。下午一时四十分左右，日军进攻愈演愈烈，我方"多塞特郡"号与"康沃尔"号两艘舰船遭到袭击。日军派出一批又一批的俯冲轰炸机，以三架为一队，每隔几秒便轮番对我军进行轰炸，仅用十五分钟便将我方这两艘巡洋舰击沉。幸存人员紧紧抓住漂浮的残骸，他们都知道自己还面临着长时间等待救援的严峻考验。这两艘军舰的一千一百二十名官兵在鲨鱼出没的海面经过三十多个小时的暴晒后，终于在第二天傍晚被"企业"号和两艘驱逐舰救起，其中很多官兵受了伤，二十九名军官和三百九十五名士兵牺牲。

直到那时，萨默维尔海军上将才意识到日本舰队的实力远在他的舰队之上。我们了解到，曾指挥袭击珍珠港的南云海军大将，现在指挥着五艘航空母舰与四艘快速战列舰，还有一批巡洋舰、驱逐舰以及一同前往的油轮。他就是我方舰队直到4月2日还在翘首以盼的对手。我们好不容易才躲过了这场灾难性的战斗。萨默维尔在救起这两艘巡洋舰的幸存人员后向西撤退，于4月8日清晨抵达"T"港。

* * *

第二天，我们在锡兰遭受了更多的灾难。清晨，敌军向我方展开猛烈空袭，重击亭可马里。日军派出五十四架轰炸机，在战斗机的掩护下，炸毁了我方的造船厂、工厂以及飞机厂。我方派出飞机迎战，击落十五架日本飞机，而我方损失十一架。日军航空母舰占有绝对优

势，我方派出了数量不多的轻型轰炸机向其发起英勇而冒险的进攻，结果幸存的飞机还不到一半。安全起见，小型航空母舰"赫尔米兹"号和驱逐舰"吸血鬼"号于前天晚上驶离亭可马里，但却在途中被日机炸毁，导致三百余人牺牲。

在此期间，由一艘轻型航空母舰和六艘重型巡洋舰组成的日本第二支主攻部队，在孟加拉湾对我方毫无防御设施的舰船展开进攻。3月31日，即在科伦坡采取紧急措施的同一天，我方决定清空加尔各答港口的船只。由于我们在该地区的海军力量微不足道，因此，我们决定将船只编成小队向外行驶。五天后，一艘船在加尔各答南部被敌机击毁，于是我们废除了这一有问题的举措，此后便停止了船舶航行。在接下来的几天里，日军在海空大肆进攻，击沉我方九万三千吨舰船。加上南云部队对我方造成的损失，我们在这一时期的损失竟然达到十一万六千吨。

*　　*　　*

日本海军向我方集中进攻，致使我们迫切要求美国舰队调转方向前来支援。

前海军人员致罗斯福总统：

1. 根据我方情报，日军此次派出了五或六艘战列舰和五艘航空母舰，其中两艘战列舰或许还配有十六英寸大炮，它们此时正在印度洋作战。当然，我们无法正面迎战，且如果日军将这些舰只聚集在一起，那我们更是无计可施。您很清楚我方舰队的情况。我们相信，我方四艘"皇家"级战列舰与其他舰只紧密配合，同在这里全部的三艘"金刚"级战列舰交锋还是绰绰有余的。不过，它们还不是现代化的日本战舰的对手。尽管敌军飞机在袭击科伦坡后遭受重大损失，但我们还无法确定我方两艘航空母舰能击败聚集在锡兰以南的

四艘日本航空母舰。因此，此刻形势依然严峻，我们深感担忧。

2. 现在，我们还无法肯定敌人在印度洋上只是佯攻，还是这些行动是大举进攻锡兰的前奏。从当前的情况看来，我方的海军力量还不足以抵抗敌军。

3. 由于目前你方在太平洋上的力量势必比敌军优越，当前的形势似乎给美国太平洋舰队提供了一个机会，能迫使印度洋上的日本海军撤回太平洋，这样一来，日本就会放弃他们正在计划当中的进攻行动，而他们已进行的进犯也得不到支援。这件事情极为重要，我必须尽快让您知道。

1942 年 4 月 7 日

*　　*　　*

毫无疑问，最近几天发生的事情会让人们以为萨默维尔海军上将暂时没有足够的兵力进行全面作战。日本海军力量强大，并获得巨大成功，令我军感到敬畏。在暹罗湾内，我方两艘一流的主力舰在几分钟内就被日军的鱼雷轰炸机击沉。现在，两艘重要的巡洋舰也被俯冲轰炸机用完全不同的空袭方式击沉。我们在地中海与德国和意大利空军作战时从未发生过这样的情况。对东方舰队而言，继续留在锡兰附近无异于自取灭亡。日军已经控制了孟加拉湾，而且只要他们愿意，便可获取锡兰周围海面的控制权。但是，我方能用于作战的英国飞机数量远远少于敌军。在舰队方面，除了"沃斯派特"号，其他战舰速度缓慢，火炮射程短，而且续航力不足，因此，这时候的舰队本身就是一种负担。如果日军屡次展开击沉"多塞特郡"号和"康沃尔"号那般的大规模空袭，我方航空母舰的空中保护也无济于事。在这种大规模的空中或海面袭击之下，锡兰各个基地都不安全，而阿杜环礁则更为危险。

"皇家"级战列舰应该尽早离开危险地区，对此我们达成共识。

我向第一海务大臣提出这一建议时便无需再有任何争议。于是，我们下达了命令。海军部还授权萨默维尔海军上将把他的舰队向西撤至两千英里以外的东非。这样一来，该舰队至少能为通往中东的重要航道提供掩护。而萨默维尔本人将指挥"沃斯派特"号以及两艘航空母舰继续在印度洋作战，以防卫我们同印度和波斯湾的海上交通线。为此，他打算以孟买为基地。他的行动计划立即得到了海军部的批准。对于在过去几天里发生的严重事件，海军部也与我们看法一致。这些新的部署立刻得以执行。

此时，我方又产生了恐慌情绪，有时还在高级指挥部中蔓延开来。重点是守住锡兰。我认为将"沃斯派特"号与两艘航空母舰自孟买撤走还为时尚早，因为它们停在孟买似乎很安全。

> 首相致伊斯梅将军，转三军参谋长：
>
> 　　我们必须竭尽全力并冒着最大的风险守住锡兰。萨默维尔海军上将暂时能够留守孟买。为什么会有人认为如果锡兰和印度南部在短时间内失守，那么孟买也会在不久之后面临危险？这种假设过于极端。请务必告诉他，在任何情况下，我们都不建议从锡兰撤离任何人员。
>
> 　　　　　　　　　　　　　　　　　　　　1942 年 4 月 14 日

三军参谋长同意将锡兰建设成为主要的舰队基地，且允许东方舰队中的快速舰船以英属东非海岸的基林迪尼为基地。萨默维尔海军上将也将在两星期后前往基林迪尼。我们此时已完全放弃了印度洋，非洲海岸除外。

＊　　　＊　　　＊

由于总统尚未答复我 4 月 7 日的电报，于是我又向他重申了我的意见。

前海军人员致罗斯福总统：

1. 我必须再次提及印度洋的严峻形势，造成这种形势的原因是日军自恃能派出近三分之一作战舰队和一半航空母舰，而我方在数月内无法与如此强大的兵力抗衡。结果自然导致：

（1）锡兰失守。

（2）日军侵袭印度东部。这将对我们的全盘计划产生不可估量的内在影响，包括加尔各答失守以及无法通过缅甸与中国取得联系等。不过，这一切才刚刚开始。在我们能展开舰队战斗之前，日军完全有理由成为西印度洋上的主导力量。这不仅会阻挠我们前往中东和印度的运输船队，还会中断来自阿巴丹的石油供应——没有石油，我们就无法维持我们在印度洋区域的海陆据点——因此，最终将导致我方在中东阵地的全部瓦解。此外，日军还将切断经波斯湾到达苏联的石油供应。日军向我方施加了如此巨大的压力，我们简直难以承受。

2. 我们曾希望美国太平洋舰队能够在4月底收复珍珠港，并对日军造成威胁，这样日军就不得不谨慎考虑自己的计划。在当前阶段，我们似乎很难阻止日军向西行动。不过，由于距离遥远，我们还不确定美国作战舰队大举收复珍珠港是否一定会对日本海军最高当局施加压力。我们也非常了解你们在太平洋地区的困境。

3. 如果您认为我们无法迅速采取行动迫使日军集中于太平洋，那么摆脱眼前巨大危机的唯一方法就是尽快在印度洋建立一支拥有现代化主力舰和航空母舰的强大舰队。

同时，我还请求空中支援。

…………

6. 在印度配备一些美国重型轰炸机也很重要。目前那里只有十四架轰炸机，而另外五十架也已获批准，将立刻赶来。但上周没有一架轰炸机能够袭击日本海军。在不影响新一轮

攻势的前提下，我们已从利比亚调走所有军队。我们正把每一架适于作战的飞机运往东方，这些飞机能在那里发挥有效作用。但是没有您的援助，一切都很难实现。总统先生，我想请您做出必要的决定。

1942 年 4 月 15 日

如我所愿，总统选择空中支援我军。

罗斯福总统致首相：

　　我们已经且仍在继续对你方迫切的需求进行调查。我希望您能仔细研读我方呈交给马歇尔将军的有关空军的建议。上述建议可以说是将飞机运到印度的最快方法，虽然这些飞机以陆地为基地，但你们的舰队必须由它们来掩护。另一方面，这一计划将有利于防止日军在锡兰、马德拉斯和加尔各答登陆。也就是说，这一计划定能改善印度洋战区整体的军事形势。不过，这一计划需要利用"突击者"号作渡船，这样一来，它就不能用作航空母舰。"突击者"号当然最适合摆渡，尽管我们没有炫耀过它的隔水装置和结实构造。由于保密要求，我还没有详细地告诉您目前太平洋舰队采取的种种措施，不过，您很快就会知道，希望到时您会认为这些措施有效。我充分意识到，就像吃面包没有黄油一样，目前我方海军匮乏，但我希望您能同意我的这一看法：由于两个军种作战方式不同，是否需要在锡兰地区召集一支主力舰队和一支混合部队便成了一个严重的问题。一方面是由于上述原因，另一方面是我意识到，在接下来的几周，我们更重要的是阻止日军在印度或锡兰登陆。我们更倾向于考虑接替你方的本土舰队，而不是加入印度洋的混合军队。

　　我个人认为，你方舰队在接下来的几周里会得到妥善保护，且不会参与重大战斗，并能在此期间建立以陆地为基地

的飞机小分队前去阻止日本运输舰队。希望您能告诉我您对上述有关空军各项措施的意见，以便我们立即执行。

1942 年 4 月 17 日

我尽量向韦维尔做出保证。

首相致韦维尔将军：

为使日本改变原有计划，从他们的主力舰中抽调出一支更大的分遣队，我们正努力在印度洋上建立一支实力强大的舰队。因此，我要求罗斯福总统将"北卡罗来纳"号派到斯卡帕湾同"华盛顿"号会合，这两艘军舰都是美国最先进的战列舰。这样一来，就能解除"约克公爵"号的任务，使其与"声威"号一同驶向印度洋。由于"光辉"号将在 5 月加入萨默维尔的舰队，"英勇"号也将在 6 月准备就绪，因此，我们很快就能在印度洋拥有三艘快速主力舰和三艘大型的装甲航空母舰。我们正采取措施增加航空母舰上的飞机数量。这样的话，萨默维尔的舰队在八到十周之内就会不断增强，从而成为一支实力雄厚的舰队。因此，我们就更有理由相信，美国主力舰队将会更加积极地活动，而且会比过去更引起日本的关注。

但在此期间，一旦锡兰尤其是科伦坡沦陷，那么这种调集海军的行动将会是一场徒劳。因此，当务之急应该是出动各种高射炮和飞机保护科伦坡，其重要性并不亚于保卫加尔各答。至于锡兰和加尔各答之间漫长的海岸线，我们在近期无法为其提供空军以击退敌军海上登陆部队或是掩护我方海军活动。不过，你真以为日军会派遣四或五个师团横扫马德拉斯省吗？即使他们占领了马德拉斯省，这又怎么能与占领锡兰，或者北上进入中国彻底击败蒋介石相提并论呢？日本今年只有占领中国才会取得重大突破。因此，我认为你在处

理这一问题时要做好选择。守住科伦坡的海军基地以及通过加尔各答与中国取得联系才是重中之重。

我必须指出，一旦中国沦陷，日本至少能腾出十五个或者二十个军。这样的话，他们就真有可能大举进攻印度。

1942 年 4 月 18 日

* * *

我们曾对即将失去（即使是暂时失去）孟加拉湾和印度洋的制海权深感焦虑，但如今战事的发展消除了这一忧虑。其实我们已处于日军向西推进的尽头。日本海军的进犯已经超出了日本扩张主义政策所规定的范围。他们只是在偷袭或者佯攻而已，并没有真的打算越海侵犯印度南部或锡兰。当然，如果他们发现科伦坡既没有备战又缺少空防，肯定会把武装侦察变为一次大规模战斗。他们可能会与英国舰队交锋，并使其遭受重创，这也不是不可能。如果日军真的这样做的话，没有人能限制他们可能采取的军事行动。当时我们运气好并迅速做出了决定，所以避免了这样一场实力较量。日军在科伦坡遭到了我军的顽强抵抗，这使他们意识到必须要付出昂贵的代价才能获得更多的战利品，而在飞机方面遭受的损失则让他们意识到自己遇到了劲敌。美国在太平洋上东山再起的海军力量则是主导因素。除了几艘潜艇单独出动以及伪装袭击之外，日本海军再也没有在印度洋出现过。他们突然消失，正如他们突然而来，使科伦坡成为双方都已撤出的真空地带。

我们自然还不知道，其实我们在印度洋的所有交通线的危机都已经解除。我们还以为掌握制海权的日军会派侵略大军进犯印度大陆。因此，我们继续承担着责任并进行备战，同时我们的焦虑情绪也从未停止。这从我们大量要求空军增援东方战场这一点可以体现，而这种大规模增援将会严重扰乱欧洲战区的主要战略计划。

4 月 12 日，韦维尔将军在给三军参谋长的电文中说道：

我并没有夸大我们的需求，除非你方竭尽全力满足我方的需求，否则，我必须提醒你，我们将永远无法重获印度洋和孟加拉湾的制海权，而且还有失去印度的危险。我们曾试图派出不到二十架轻型轰炸机应对来犯的敌机，结果我方损失三艘重要军舰、几艘其他军舰，以及近十万吨商船。后来，我们听说你们只袭击德国的一个城市就出动了二百余架轰炸机，这当然令我们愤怒不已。

　　某些自治领的人员自然会同意这些看法。

首相致自治领事务大臣：

　　目前，这些观点一定会得到广泛支持。大家都希望派遣轰炸机前往印度和中东地区，但现在很难做出任何决定性改变。我们已竭尽全力。如果你能与空军参谋长见面并听取他的意见，我将会非常高兴。这一问题需要谨慎细致考虑。如果将轰炸机中队派去后却没有起到任何作用，那么这一调动根本就没有必要。为了轰炸德国，我们已经在这里建立了一座大工厂，这也是我们尽力援助苏联的唯一方法。但敌军却从各个方面对其进行破坏。可以肯定的是，如果没有在其他地方获得适当的利益，我们绝不会破坏我们在这里的力量。

1942 年 4 月 16 日

　　我们绝不会从主要目标上分散力量，之后还会看到，我们也没有阻止进行新一轮的猛烈进攻。这曾经是一段令人烦恼的插曲，不过已经过去了。从此以后，我们将会变得更加强大。

＊　　＊　　＊

　　但是我们当时没有想到，锡兰空战会取得如此重大的战略成果。

南云海军大将那支大名鼎鼎的航空母舰舰队曾在长达四个月的作战中毫发无损，且取得辉煌战绩，但在此次空战中遭受重创，其中三艘战舰不得不撤回日本进行修整。这样一来，日军在一个月后向新几内亚的莫尔斯比港进攻时就只有两艘航空母舰能参加作战。如果这支舰队在珊瑚海战役这场重要的遭遇战中全部出动，形势可能会对美国不利。

第四章

FOUR

海上运输的瓶颈

东方需要一支机动后备队——我要求罗斯福总统再运来两个师——对日战场——罗斯福总统的答复——我要求运输船只获得同意——重要条件——美国船只的潜力与前景——美国空军的分布情况——我们在政策方面观点一致——1942年罗斯福总统首次示意开辟一条欧洲战线——美国造船业呈上升趋势

潜艇战导致的严峻形势经常让我们提心吊胆，但我们的注意力并没有被其他重大事情分散。3月初，我致电罗斯福总统，提到鉴于进口预算，我们应该战略性地利用舰船资源。我真诚地希望总统能借给我们足够多的美国舰船，从而将另外两个师的英国军队运至东方。东方有许多战场，同时还可能发生很多战事，没有人知道在这一广袤的区域会发生什么事。因此，我迫切希望手上有一些可以随时调动的兵力。如果我方在5月或6月能有两个师的兵力绕过好望角，那么我们将会拥有一支无比优越的机动后备队。这样一来，一旦埃及、波斯、印度或者澳大利亚有战事发生，就可立即进行支援。

前海军人员致罗斯福总统：

自回国后，我就一直非常关注船舶的情况，因为这可能会严重制约我们1942年这一整年的行动。我主要关注两个方面：首先是军事调动。您也知道，我们现在正在调动大批部队，包括由三个师组成的澳大利亚军和英国第七十师，他们正穿过印度洋从中东赶来。为了补充中东消耗的兵力，并对印度和锡兰进行大量的陆空增援，我们希望能在2月至5月期间从英国运出二十九万五千人。一支载有四万五千人的运输船队已于2月启程，而另外一支载有五万人的船队也将于3月启程，其中包括第五师和七个中队的飞机。还有两支舰队也将分别于4月和5月启航，它们一共载有八万五千人。为了完成这一任务，我们搜罗了所有可以载人的船舶，同时想尽办法让它们加速回航，以增加船舶的运载量。尽管如此，我们还是与原定目标相差十一万五千人。

在这种情况下，我不得不求助于您。

我认为我们必须承认一点："体育家"作战计划（英国从东部和美国横渡大西洋向法属北非进行各种不同形式干预行动的计划）在数月内绝对无法实现。鉴于这一因素，您能否借给我们一批船舶，以便我们能在接下来关键的四个月里向印度洋运送另外两个师（约四万人），以及必需的运输车辆、大炮和装备？这也就意味着我们想在4月和5月上旬在英国装船。目前分配给"磁铁"作战计划（把美国军队运到北爱尔兰）的运输舰大概可以装载其中一万人。这些舰船再加上您能借出的其他舰船，已经可以把"磁铁"作战计划中的大量人员运至英国，至于其余人员的调动，则可以推迟。

其次，我方可支配的货运船舶不仅要向英国源源不断地运输重要进口物资，还要向苏联输送物资，并满足我们东方部队日益增长的物资供应与给养需求。此外，不仅英国要从负责进口业务的船只中抽调一批向东方运输物资，美国也是如此，因为美国协助运输物资的船只已调去执行其他紧急任务。这些事情的进展以及远东战场的结果对我方的进口量产生了严重影响。在今年的第一季度，我方预计的进口额仅为七百二十五万吨，而近来被击沉的货船数量却在急剧增加。

这将意味着我们的储存物资在今年上半年会被严重消耗，但我们不能再继续放任这种情况，且必须在之后的几个月里通过大量增加进口量来进行弥补。我们曾认真分析过1942年

期间我们必须获得的进口量，以维持我方的全部力量并确保我们的物资存储量在年底不会低于危险线。最后我们确信，如果非油船的进口吨位低于两千六百万吨就不合理。当然，如果我们的船舶没有实质性的增加，这一指标就肯定无法实现。因此，如果您能告诉我，按照你们的造船计划，即在可用船只日益增加的情况下，你方能在进口物资和从美国运输物资前往中东为我们提供何种程度的支援，那将对我们的计划大有帮助。

1942 年 3 月 4 日

第二天：

前海军人员致罗斯福总统：

1. 回顾过去我是多么渴望和祈求美国参战时，我很难想象自 12 月 7 日以来所发生的一切竟会使英国的状况恶化到如此地步。在新加坡，我们遭遇了史上最严重的的灾难，且其他灾难也将接踵而来。由于距离遥远又缺少船只，你们雄厚的力量也难以立见成效，而我们又难以确定日军的侵略范围。虽然我们能在 1943 年和 1944 年挽回颓势，但也要付出巨大的代价。地中海东岸—里海前线的一切都取决于苏联军队能否取得成功。我担心德国于春季向苏联发起的进攻会势如破竹。马耳他面临的危险越来越多，而增援隆美尔的大批军队已抵达的黎波里，且正前往昔兰尼加。

2. 自上次会谈后，我还未能对美国在海、陆、空方面的抗日计划形成一个完整的认识。我希望你方能在 5 月份重获太平洋上的海军优势，这样就能不断分散敌军的注意力。同时，我们还希望到 3 月中旬，我方在印度洋上除了四艘已经修复的"拉米伊"级战列舰外，能增加两艘最新式的航空母舰与"沃斯派特"号协同作战，并在 4 月和 5 月中旬分别派出第三艘航空母舰和"英勇"号前往增援。这样一来，该舰队便由四艘新式和一些旧式巡洋舰以及二十艘左右的驱逐舰构成，且以锡兰为基地。自新加坡沦陷后，我们将锡兰视为关键据点，除非从你方战场开来大量日本舰队，否则我方在锡兰的舰队绝对能够阻止敌军从海上进犯印度，因此，我再一次希望日渐强大的美国海军能采取有效行动防止敌军进犯。

我们希望能有数量可观的荷兰潜艇逃往锡兰，这样一来，它们就能与我们从地中海抽出的仅有的两艘潜艇一起警戒马六甲海峡。据我们所知，你方来自美、英、荷、澳战区的潜艇将以弗里曼特尔为基地，主要负责巡弋巽他海峡和荷属群岛的其他出口，但我们不仅要留意日本军舰进入印度洋，更要给以沉重打击。对锡兰而言，接下来的两周会是最危急的时刻，到3月底，虽然我们还无法保证彻底安全，但该地的局势应该会有所稳定。

3. 由于目前"提尔皮茨"号和"舍尔"号都在特隆赫姆，我们的北方舰队不仅要警戒北面的航道，还要护卫苏联的运输船队。但由于"沙恩霍斯特"号、"格奈森诺"号与"欧根亲王"号都已无法作战，而"欧根亲王"号又遭受重创，因此当前紧张的局势已暂时有所缓和。我们可以利用这个机会改装"罗德尼"号，这样一来，"罗德尼"号和"纳尔逊"号便可在5月参与作战，但"安森"号可能要到8月才能作战。

4. 如果您能发一份关于美国空军的部署和计划的相关报告给我，我会非常高兴。英美两国都在爪哇战场遭受了重大伤亡，而得知"兰利"号连同其运载的珍贵货物不幸沉没，我甚为惋惜。我特别想知道你们的行动计划在中国和阿留申群岛进展得如何？同时，我们也很期望美国驻守在印度东北部的轰炸机能大举袭击敌军设在暹罗和印度支那的基地。

5. 我们曾希望军队能集结在地中海东岸—里海前线，您

很快就会了解他们的情况以及他们是如何几乎全部撤到印度和澳大利亚的。同时，您也很快就能看到如果敌军攻破了苏联在高加索的防守，我们将会处于何种困境。如果您能向新西兰提供一个师的增援，他们就无需将驻在巴勒斯坦的新西兰师召回，那将会对他们大有帮助。这一做法也同样适用于驻守在中东的最后一个澳大利亚师。由于澳大利亚和新西兰的精锐部队不在国内，人们自然会担心这两个国家。但如果美国不将这些部队越海从中东调回而是直接让他们去增援澳大利亚和新西兰，这不仅会节省船舶，还能保证安全。我已经准备好延期执行"磁铁"计划，以便你方对大洋洲提供增援。最后，美国主要海军力量加强对澳新地区的保护是当前的重中之重，因为只有这样才能满足当地政府的迫切要求，并保证我们的基地安全。

6. 然而，一切都取决于船舶运输。我曾就英国在1942年年内的进口计划单独向您发送过一则电报。这一计划确实要求美国在第三季度和第四季度分配给我们相当多的新建船舶的吨位。不过，当务之急是准备运载军队的吨位。据报告，我们目前运载的总人数为二十八万人，当然，其中至少有一半的吨位在经过长途航行后，返航时是不运载军队的空船。你方拥有运载九万人的力量，但据说到1943年夏天，美国只能再增加九万人的运载力量，这令我极为震惊。如果这一情况不能得到改善，我们就难以在1944年以前挽回颓势。随着战争的时间不断延长，我们将会面临更多的危险。当然，如果我们现在下令的话，就能在1943年夏季将美国的运载力量增加两到三倍。但超出二十八万人的运载范围我们便无能为力，因为近来这一类的船舶损失极为严重。如果您能解除我在这个问题上的忧虑，我将感激不尽。关于"体育家"作战计划的需要，我完全同意您的看法。但由于奥金莱克受挫且船舶吃紧，这一计划可能会长时间推迟。

7. 我们的运输船队每月运送四万至五万人前往东方战场。可是由于印度战区需要维持陆军的给养，又要成立空军与高射炮部队，所以我们目前无法在 3 月至 5 月间运送三个师以上的军队，且这些运输船队也将要推迟两个月抵达。我认为可能确实有必要将所有军队用来保卫印度。除了我在第五点提到的穿过里海的建议以外，我无法做出任何其他的安排，且这一切都已经决定好了。

8. 我想说一下当时我们会面时谈到的问题。日本正将其力量大规模地分散到薄弱地点，并试图凭借海军和空军的保护将它们连接起来。但日军分散的范围越来越广，据我们所知，这也引起了东京方面的忧虑。然而，除非在军事设施和战术上进行了长期准备，否则我们就无法采取大规模行动。当您告诉我您打算在加利福尼亚州海岸大规模地组织突击队时，我就知道您已经抓住了问题的关键。一旦准备好了几支精锐部队，那么任何一支部队都可对日本的某一个基地或岛屿发起攻击并重挫敌军，这样一来，他们随时可能失去他们的岛屿。我们甚至可以在今年发起几次进攻扰乱日军，从而使他们抽出更多的人力和物力巩固其他据点。

9. 实际上，现在着手在加利福尼亚沿岸准备船只、登陆艇、飞机和远征师等，从而在 1943 年向日军发起猛攻，才是我们应该采取的正确举措。此外，美国的实力已经达到了一定程度，这支西方作战部队完全有能力在你方太平洋沿岸展开作战，而不会妨碍我们曾讨论过的横渡大西洋打击希特勒的计划。在未来相当长的一段时间里，您的困难似乎是如何将军队投入作战，而关于这一问题，船只匮乏将会是一大瓶颈。

1942 年 3 月 5 日

8 日，我接到了总统的全面答复，显然，这是参谋长联席会议经

过长时间研究的结果。总统说道："自 3 月 4 日收到您的来电后，我们就不断开会讨论。我们充分了解您在印度洋面临的问题的重要性，并对它们与我们在太平洋遇到的问题给予了同样的关心，特别是因为我们还肩负着保卫新西兰和澳大利亚的重任。"他指出，美国在澳新地区与美、英、荷、澳战区动用了大部分的太平洋舰队。日本正在巧妙地部署兵力，不断进行扩张，且他们的攻击力仍然十分强大。因此，太平洋目前的形势非常严峻。出借船舶给英国以便你们进一步调兵前往印度将会减少美国在其他地区发起攻势的可能性。不过，如果澳大利亚和新西兰的两个师被本国政府留在中东，且随时准备调往印度，那么除了两个早已奉命前往澳大利亚和新喀里多尼亚的师以外，美国还准备向澳大利亚和新西兰各派出一个师，这样一来，美国在大洋洲的军队总数将达九万人。这将会暂时减少我们穿过红海向中国运送租借法案所需物资的船只。因此，一切都取决于澳大利亚和新西兰的两个师能否留在中东。除此之外，我们想不出任何能够充分利用船只的方法。

此外，总统还同意了我提出的主要要求。他将提供船只帮我们把两个师的军队和装备运出英国并绕过好望角。第一支运输船队将于 4 月 26 日启航，其余船队则在 5 月 6 日左右。我们日后就能看出，做好提前防备对战事的发展大有帮助。然而，总统答应我们这一要求还有一些重要的附加条件，他说：可以提供船只，但你们在使用期间必须接受下列条件：

1. 不能进行"体育家"作战计划（对法属北非进行干预）。

2. 美国部队调往英伦三岛的船只只能从美国运出。

3. 不能直接调动冰岛的军队。

4. 在 4 月和 5 月，必须从前往缅甸和红海的航运中抽调出十一艘货船。这些船只负责将租借法案所提供的物资运往中国和中东。

5. 美国在 1942 年承担的对德国发动空袭的任务将会有所减轻，另外，美国在欧洲大陆上承担的陆战任务也将会大为削减。重要的是，美国借出的运送这两个英国师的船只完成任务后，应当立即归还。

对此我感到十分满意。我一贯奉行的主导思想之一就是为实现主要目的，尽可能多地为对方提供可选择的余地，这点非常重要，在战争时期更是如此。总统同意另外借给我方运输船只，使我方能再次运输几个师的军队绕过好望角，这便验证了我的这一原则。

关于我们联合运载军队的能力，总统和他的顾问提到了一些数字。我们在叙述战事的时候应该将这些数字铭记于心。据总统表示，目前的造船计划似乎已经达到了最大限度，在 1944 年 6 月前不可能再有所增加。

我们现在在建的运兵船只建成以后将能运输二十二万五千二百五十人。据我所知，英国并无增加运兵船只总数的计划。悬挂美国国旗的可用船只能运送的军队总数约十三万人。1942 年由于船只改建估计可增运三万五千人。到 1943 年 6 月，新建的船只可增运四万人；到 1943 年 12 月，又可增运十万人；到 1944 年 6 月，还可增运九万五千人；因此，若不计损失，到 1944 年 6 月美国船只的军队运载量将达四十万人。

上述情况决定了英美两国的战略方针。

之后，我将会详细说明截至 1942 年年底美国空军暂定的部署情况。

总统又补充道，如果要在 1942 年对德国的军事力量和资源同时发起进攻，那么就很有必要将这支部队留驻英国。这支部队包括之前为"体育家"和"磁铁"计划所准备的军队。

他在结尾处说道：

我既然已将我方的军事部署详尽地透露给您，就知道您

一定会同您的军事顾问们加以研究，但是我还是希望你方能保密，对其传播严加限制。

有关战区责任的简化情况，我会在周日发一份私人建议给您。

我们现在可能正处于危急关头，但我们应该永远铭记一点：这一时期并不比您此前安然度过的那些日子更糟糕。

我与总统看法完全一致，并回复如下：

前海军人员致罗斯福总统：

非常感谢您及时回复我的建议。我方参谋部正在审议当前的新形势，我不久后将会发电报给您。

1942 年 3 月 9 日

总统此时又加发了一份私人电报，上面提到了关于指挥权与责任范围等复杂问题，不过这些问题最后都得到圆满解决。他说道："我星期六晚上发送给您的电报与参谋长联合委员会的总体意见是一致的，这是不容置疑的，您也可以从电报的内容中看出来。虽然这份电报纯属个人意见，但是我还是想发给您并且希望您能了解我的想法。"他接着说道：

自 1 月份会谈以来，我们当时就西南太平洋区域做出的完美部署，大部分都已经不合时宜。

因此，我希望您能考虑下列军事行动的简化方案：

1. 美国将负责太平洋地区的全部作战行动。美国三军参谋长将在华盛顿负责制订海、陆、空军在该地区的作战策略，此外，美国还将在华盛顿就作战问题成立一个顾问委员会，由澳大利亚、新西兰、荷属东印度和中国担任成员，美国选派一名成员担任主席。加拿大也可参加。位于伦敦的太平洋作战委员会不如也迁到这里来。虽然从政治方面考虑，您可能会认为最好还是将它设在伦敦，但不管怎样，这个委员会负责的关于军事行动的部分（包括补给在内）应该在华盛顿开展。太平洋地区的最高统帅应该由美国人担任，澳洲大陆当地的作战指挥应由澳大利亚人担任，新西兰当地的作战指挥则由新西兰人担任，而中国本土的作战将由蒋介石指挥。假如我们在日后的进攻中能将荷属东印度群岛从日本人手中夺回，那么该地的作战指挥就可以交给荷兰人。

2. 根据以上安排，直接的军事行动应该由华盛顿和三军参谋长监督下的美国太平洋地区的最高统帅决定。关于重新采取攻势的决策也将以相同的方式进行。这将包括诸如从南部主要基地向西北方向进攻以及从中国、阿留申群岛或西伯利亚等地向日本本土进攻等决策。我方势必要承担责任，这样一来就缓解了英国的压力，他们只需尽可能地在物资方面满足我们的需求。

3. 中部地区，从新加坡一直延伸到包括印度和印度洋、波斯湾、红海、利比亚和地中海地区在内的整片区域，将直接由英国负责。这片区域内的所有军事问题将由你方处理，但由于澳大利亚和新西兰会向印度和近东地区提供大量援助，对此您应该给予谅解，并尽量与两国政府共同商讨。我们将继续向该区域调配可用的军火和船只。当然，这一切都是以暂时搁置"体育家"作战计划为前提。

此外，还有一个方面也极为重要。

今年夏天将在欧洲大陆开辟一条新战线用于空袭和突击，对此我非常感兴趣。由于最远距离不超过三千英里，从船舶和供应情况来看，十分便于我方参战。虽然我方遭受的损失肯定会很严重，可至少能重创敌军，并迫使他们从苏联前线

调出大批各类部队，以此弥补我们的损失。

此外，根据这一计划，由于我们是在欧洲本土对敌人展开进攻，因此冰岛与"磁铁"作战计划（运输美军至北爱尔兰）都处于次要地位。

这当然是为了将一切可能的援助运往苏联。

船舶问题立刻成为我们制订战略的唯一基础，也是我们的瓶颈所在。由于日本参战，英美军事力量几乎完全取决于新造船只对受损船只的补充。英美两国在 1942 年上半年的沉船数量相当于 1941 年全年的数量，这一数字比盟国造船计划还多出约三百万吨。与此同时，美国陆军和海军方面的需求也大量增加。但早在 3 月，美国下一年的造船计划就已经增至一千二百万吨。到 1942 年 5 月，美国利用新造的船只弥补了他们当前的损失。直到 8 月底，盟国才实现这一目标。而我们又多花了一年的时间才弥补了之前的全部损失。尽管加重了美国的负担，但他们还是同意让我们保留近三百万吨的美国货船和油船。然而，即使美国方面做出了这一慷慨的决策，还是无法弥补英国海军商船日益增加的损失。

＊　　　＊　　　＊

随着事态的发展，我们将会看到新的可能性是如何出现的；英美两国强大的海军力量又是如何承担起新增的任务，以及他们会如何执行这些任务。美国在太平洋的对日作战取得了首次胜利，我们的前途也因此一片光明，再加上美国商船建造数量惊人，一切海运问题也随之解决。在这紧张的几个星期里，我和总统紧密合作，这也能从下列我们往来的函件中体现出来。

亲爱的温斯顿：

相信您也知道，我在过去的一个月里仔细考虑过你们遇到的困难。我们必须承认在军事方面确实有不少难题，可除此之外，你们还面临着其他的麻烦，即你们国家不成文的宪法规定政府形式在战争时期与和平时期保持一致。而美国成文宪法规定了四年一任的制度，老实说，这给身居高位的不幸者省去了大量麻烦。

其次，就是我们共同喜爱与崇尚的"新闻自由"。我们都没有因那些新闻故事而备受困扰，因此总体而言，这些新闻故事也不算太坏。可是，我们却受到了所谓的解释性评论的威胁。这些评论者人数不多，他们既无背景，也没文化。但在此危难关头，他们不仅不能摆脱政治的束缚，还企图以此为基础引导舆论。

我们国家的新闻媒体是所有媒体中最糟糕的，他们总是对国内一些无关紧要的问题夸大其词，还不露声色地建议美国保卫夏威夷，在东部和西部海岸可以暂时按兵不动，等敌军进攻我国海岸再说。说来也奇怪，这些孤立主义者的残余分子并没有攻击我个人，只是没完没了地说我的负担太重，还有的说我是独裁的战略家，不采纳任何陆军和海军方面的建议就进行军事行动。都是老一套的说辞，相信您早已听过。

以下是我这个业余战略家的个人看法。我认为现在无需再考虑新加坡与荷属东印度群岛的问题，因为它们已经失守。但我们必须守住澳大利亚。我已在电报中说过，我们愿意承担这项责任。同时还必须守住印度，请你务必做到这一点，但老实说，我并不像其他人一样如此担心这个问题。日军可能会在缅甸西海岸登陆，他们也许还会轰炸加尔各答。但我想象不到他们所能集结的部队除了驻扎在边界的几个地方以外，还能有何进展——因此，我认为你们能守住锡兰。我希望你能多派出一些潜艇前往锡兰，因为它们比一支次等的海面舰队更有价值。另外，我希望你们加大对近东的增援力度，你们必须守住埃及、运河、叙利亚、伊朗以及通往高加

索的道路。

最后，我将会在数日内发给您一份在欧洲本土发起联合攻击的详细计划。

您看到这份电报就能知道我即将与李维诺夫进行会谈，且期待不久后能得到斯大林的回复。坦白地说，比起你方外交部和我方国务院，我认为我个人能更好地应付斯大林，希望您不会介意我这样说。因为斯大林对你方高官恨之入骨，但是对我还有些好感，希望他能继续保持对我的这种印象。

我方海军在备战此次海岸线潜艇战时确实行动缓慢，因为许多海军军官过去对任何少于两千吨的舰只都不抱什么兴趣，这本来不必告诉您。两年前您就得到了教训，而现在我们还得接受教训。我预计到 5 月 1 日，我军将会有一支优秀的巡逻队沿着纽芬兰到佛罗里达并通往西印度群岛的海面上进行巡逻。我曾用尽各种方法，包括求、借甚至是偷，好不容易才凑齐长达八十英尺的各种船只，并成立了一个单独的指挥部，由安德鲁斯海军上将负责指挥。

我知道，您将会继续保持乐观的心态与充沛的精力。我也知道，如果我说您应该向我学习，您也不会介意。我每个月都会去海德公园待四天，这就像是钻进一个洞里并把洞口封住。除非有重大事情发生，否则我不会接任何电话。我希望您也可以试一试，如砌几块砖或画几张画。

请向丘吉尔夫人传达我诚挚的问候，我和我夫人都希望能与她见面。

您永远的

富兰克林·罗斯福

1942 年 3 月 18 日

附：怀南特先生也在这里，我认为他真是一个最明事理的人。

同样，我也回复了他。

前海军人员致罗斯福总统：

1. 刚收到您 3 月 18 日的来信，我感到非常高兴。同时，也非常感谢您如此关心我的工作与生活。我们这里的局势一直十分稳定，但对议院和新闻界中那些不安分的人来说，他们除了对人们的工作吹毛求疵以及兴风作浪以外，自然无所事事。我认为我们很难忘记新加坡的悲剧，我希望不久后能将它收复。

2. 迪基·蒙巴顿在圣纳泽尔的表现十分精彩，尽管规模较小。他作为您的耳目，已于数周前被我任命为海军中将、陆军中将和空军中将，同时，我还派他担任参谋长委员会的联合作战部司令官。迪基·蒙巴顿与其他成员地位相同，他有权参与讨论其个人事务或是战争的全盘指挥工作。在您提到的对欧洲发起联合进攻的计划中，他将会是中心人物，我十分期待您的计划，我们也正在积极备战，做好相关准备。

3. 虽然我们二人都是业余的战略家，但我认为日本最明智的进攻是向缅甸推进，进而穿过缅甸北上进入中国，并力图攻克中国。他们也有可能会侵扰印度，但我相信他们不会大举进犯。我们每月向东方战场运去四万至五万人。当他们绕过好望角时，我们可以命令他们分别前往苏伊士、巴士拉、孟买、锡兰或者澳大利亚。我告诉过柯廷，如果他遭到敌军大举入侵——我指的是有六至八个师的敌军来犯——英国将会前去支援，但这会以牺牲其他战场的迫切需求为代价。我希望您能继续尽可能向澳大利亚提供支援，这样的话，我们才能够成功保卫埃及、地中海东岸和印度。这将会是一项艰巨的任务。

4. 我们无法再从地中海派遣任何潜艇前往印度洋，我们在那里只有两艘英国潜艇和四艘荷兰潜艇。不过，我们目前

在锡兰的力量较为强大，在那里驻有装备精良的守军、"旋风"式战斗机、一些鱼雷轰炸机和雷达，以及强大的高射炮火。萨默维尔海军上将的舰队实力显著提升，或许能有获胜的机会。与此同时，"铁甲舰"作战计划正在进行当中，迪基也很关心这个计划。总而言之，我希望印度洋的形势在短时间内能有所好转，使日军无法在此获胜。

5. 目前看来，重要的是让日军对其众多的征服感到焦虑，并防止他们凑齐部队进行大规模远征。如果您能让我进一步了解你们那支加利福尼亚突击队的进展，我将非常高兴，我听说多诺万正在训练他们。

6. 如今一切都取决于大规模的苏德战争。目前看来，德国的大举进攻要到5月中旬或6月初才会进行。我们正竭尽全力援助苏联，并设法缓解他们的压力。我们争取让所有运输船队都驶抵摩尔曼斯克。斯大林对我们交付的物资非常满意。6月以后，应交付的物资将会增加百分之五十，可是由于船舶紧缺，加上新的战役即将打响，这一任务很难完成。除非受到天气因素影响，否则我方将会不断对德国进行猛烈轰炸。我们新的轰炸方法极为成功，埃森、科隆，尤其是吕贝克，都遭到与考文垂同等规模的轰炸。当希特勒与苏联交战时，我们便对其后方进行轰炸。我深信，在整个夏季坚持使用这种轰炸方法对我们将极为有利。不管你送来什么，只要能提高我们的攻击力，都将会是弥足珍贵的。经过一番激战，我们在马耳他牵制住六七百架德国和意大利飞机。我不知道他们是否将在近期前往苏联南部前线。不过，该地盛传马耳他本月可能会遭遇空袭。

7. 听斯大林说德国可能会利用毒气攻击苏联，我已向他保证，我们将会像自己遭受攻击一样无限制地对这种暴行进行打击报复，这对我们来说轻而易举。我打算按照他的意愿，在本月月底前发布此事，并利用这段时间进行防御准备。请

您对上述内容保密。

　　虽然自回来后我觉得战争压力比以前更大，但我个人的身体状况非常好。在此，我与我的妻子向您和您的夫人致以最诚挚的问候。等天气好转的时候，我打算飞过去与您共度周末。因为我们还有许多事情需要解决，所以最好还是进行面谈。

1942 年 4 月 1 日

第五章

FIVE

印度——克里普斯调查团

英国对印度的诚意——印度陆军忠诚勇敢——日本西进的影响——国大党的失败主义——战后给予印度自治领地位——我本人对立宪会议的想法——英国起草的宣言草案——斯塔福德·克里普斯调查团——国大党拒绝我方建议——一个联合内阁——斯塔福德爵士返国

在这次世界大战中，世界上没有任何一国的人民像印度人民那样得到了有力的保护，从而免受战争之苦。在我们这个小岛国的庇护下，印度熬过了漫长的战争岁月。每当有分歧时，驻印的英国官员都会从保护英国声誉的角度出发，将印度的利益置于本国利益之上。预计我们将在欧洲抗战到底时，我们与印度签订了协议，规定保卫印度所需的全部物资和金钱都由我们负责。但当时汇率极高，因此，我们在印度签订的协议中的债务是由贬值了的卢比按照战前的汇率折合成所谓的"英镑余额"。这样一来，所谓的"英镑余额"，也就是英国对印度的负债便越积越多。为使印度不像其他国家那样遭受侵略的折磨，我们对这笔支出既没有细查，也没有核算，而我们每天要向印度支付一百万英镑左右的防务费用。我们遭受了一切战争苦难，而印度人却幸免于难，但我们欠他们的债务竟与第一次世界大战后欠美国的一样多。因此，我宣布这些问题还有待修正，同时，我们保留撤销这笔债务的权利，因为这笔所谓的债务是为保卫印度而欠下的。我把这一意见告知了总督。

但以上只是背景，在这一背景下，印度军队伟大的英雄气概和杰出的军事素质在战争中彰显得淋漓尽致。他们在中东战役、埃及保卫战、埃塞俄比亚解放战争和意大利战斗中发挥了重要作用。印度军队

还与英军并肩作战，将日军逐出缅甸，战绩十分辉煌。印度陆军部队对英王陛下忠心耿耿，印度王公们信守与我们签订的条约，印度教徒和穆斯林官兵英勇无比，这一切都将载入史册。英国政府曾致力于在印度建立一支庞大的印度陆军，但印度两大政党——国大党和穆斯林联盟不是强烈反对就是袖手旁观。尽管如此，还是有二百五十多万印度人自愿参军。到1942年，我们建立了一支由一百万人组成的印度陆军，且每月还有五万人自愿加入。尽管从当时世界大战的战况来看，成立一支庞大的印度陆军是一项错误的计划。但印度人民响应了这一号召，其积极程度堪比在战场上英勇作战的印度士兵，从而为我们的印度帝国史留下了光辉的最后一页。

* * *

随着日本在亚洲向西推进，印度的局势也随之恶化，使人感到不安。珍珠港事件使我们极为震惊；香港失守令我们声誉受损；印度次大陆现在也岌岌可危。日本海军似乎能够顺畅无阻地进入孟加拉湾。这是英国统治下的印度第一次面临亚洲强国入侵的威胁。印度政界潜在的紧张局势便由此显现出来。虽然由苏巴斯·鲍斯领导的少数极端主义分子直接参与颠覆政府的行动，并希望轴心国获胜，但忠实拥护甘地的绝大多数人观点明确，他们认为印度在这场世界大战中应该继续保持消极与中立态度。随着日军侵略不断向前推进，战败主义情绪四处蔓延。有人认为，如果印度能够脱离英国的统治，日本或许就没有侵略印度的动机了。印度面临危机的原因可能仅在于它与英国的关系。如果能同英国一刀两断，印度就能拥有像爱尔兰那样的地位。这一论点并非没有说服力，所以很快就传播开来。

由于日本的威胁，国大党的态度变得更为恶劣。1942年2月蒋介石夫妇访问印度时，他们的态度表现得十分明显。蒋介石夫妇访印是为了激起印度民众的抗日情绪，同时，也是为了强调战胜日本对整个亚洲，尤其是印度和中国的重要性。但印度政党领袖却利用这个机会

向蒋介石施压，以此让英国向国大党让步。

战时内阁无法接受，一个外国元首竟作为中立的仲裁人，干涉英国皇家代表、甘地和尼赫鲁先生三者之间的事情。因此，我写信给蒋介石，内容如下：

> 您建议前往瓦尔达访问甘地先生，但我们内阁认为，这可能与我们团结全印度一致抗日的愿望相悖。而且在团结至上的紧要关头，强调不同团体之间的分歧可能会产生意料之外的不良影响。因此，我冒昧地请求阁下不要使问题朝着与总督和英王意愿相反的方向发展。中国军队在抗日战争中一直英勇奋战，我满怀希望地期待着英国、印度和其他大英帝国的部队能与中国军队加强合作。
>
> 　　　　　　　　　　　　　　　　　　　1942 年 2 月 12 日

蒋介石最终还是遵从了我们的意愿。由于总督的聪明机智，这次不合时宜的访问就此终止，没有产生任何不利影响。

＊　　　＊　　　＊

2 月 15 日，新加坡投降。印度的政界和媒体反映出印度教徒和穆斯林之间不断升级的冲突。为了建立某种联合阵线，某些国大党领袖提议承认印度的主权地位以及成立一个全印国民政府。内阁仔细考虑了这些事宜，因此，印度事务部与总督之间书信往来极为频繁。我曾向总督发过一份私人电报，表明我对印度自治政府的看法，我自然与此事有一定关系。几乎我所有的同僚都觉得，战后必须以极为隆重的方式将印度的主权移交给印度人民。

首相致印度总督：

> 我的意见是让印度各界——印度教徒、穆斯林、锡克教

徒和贱民等——选出最优秀的领导人进入上述机构。不过，我们所能想到的最佳选举提案，可能会使整个议会落入国大党决策人手中。这与我的愿望相差甚远。

1942 年 2 月 16 日

无论是当时还是之后，我都应该按照由各大团体和种族推选最优秀的领导人进入议会这一方式，这样就能避免只与党派人士打交道。

2 月 25 日，我组织了一些大臣成立委员会去研究印度事务每天的进展，并就此向战时内阁提出建议。每位大臣都在印度待过一段时间，对印度有直接认识。主持会议的艾德礼先生和大法官西蒙勋爵二人曾是 1930 年"西蒙"调查团的成员。斯塔福德·克里普斯勋爵非常了解印度政情，并与甘地和尼赫鲁先生交情深厚。枢密院长约翰·安德森勋爵曾任孟加拉省省长五年。国防大臣詹姆士·格里格爵士曾担任总督府执行委员会经济委员。印度事务大臣艾默里先生是委员会中唯一的保守党成员，其余成员都是工党、自由党或无党派人士。我保留在必要时参会的权利。但事实上，该委员会的观点经常与我和印度总督的观点相符，因此，我没有必要参与。战时内阁完全信任委员会，并采纳了委员会提出的大部分建议。因此，我们是在十分顺利的情况下做出艰难的决策。尽管如此，我还是与非战时内阁以外的内阁成员进行了商讨。

首相致爱德华·布里奇斯爵士：

战时内阁将在星期二中午讨论印度事宜。由于决策将会产生严重后果，因此之后我们会要求全体内阁大臣进行商讨，可能还会要求各部次官参加。此外，由于帝国权力明显受到影响，因此，我们必须尽早征得国王的同意。你应该立刻通知印度委员会此事。

我觉得草案拟得不错，但我们绝对不能冒着分裂的风险。我必须了解绝大多数人对此事的看法，而不仅限于我们这一

个小群体。

1942 年 2 月 28 日

＊　　＊　　＊

随着日本在亚洲的进攻不断向西扩展，美国越来越关注印度事务。美国在关心世界大战的战略问题时也接触到一些政治问题，尽管他们对此有着强烈的主张但却缺乏经验。在珍珠港事件发生之前，印度一直被视为大英帝国一个可悲的"样板"，也是英国独有的负担。现在，日本不断向印度边境推进，美国政府也开始对印度事务提出建议和意见。单一种族国家对肤色问题一向采取包容的态度。同样，一个没有海外殖民地或属地的国家也会对拥有这些的国家产生崇高而超然的情绪。

1941 年 12 月，我访问了华盛顿，在此期间，总统按照美国的一贯方针第一次同我讨论印度问题。我的反应极为强烈，之后他再也没有说过此事。后来，在 1942 年 2 月底，他指示艾夫里尔·哈里曼试探我，想知道英国政府和印度政治领袖之间有无和解的可能性，我告诉哈里曼，我正打算致电总统，且于 3 月 4 日发出电文。

前海军人员致罗斯福总统：

我们正在认真考虑是否应该在此紧要关头宣布印度战后的自治领地位，如果印度提出要求的话，我们还应该给予其退出英联邦的权利。但我们绝对不能与穆斯林决裂，因为它代表着一亿人民，是当前战斗中我们必须依赖的主要兵力来源。同时，我们还必须考虑我们应该对三四千万的贱民负责，以及和各王公土邦签订的条约，他们的人数约为八千万。我们自然不想在被侵略前夕让印度陷入一片混乱。

1942 年 3 月 4 日

美国人很了解印度教徒的态度。我认为让他们了解穆斯林方面的情况是正确的。因此，我当天就把从印度发来的关于印度形势的报告全部发给了总统，其中下列摘要可以看出重点。第一份报告是穆斯林联盟主席真纳先生发来的。

　　　　萨普鲁会议①与会人员少，且无追随者，它充当国大党的探子和巡逻队。该会议提出了一些看似合理的巧妙建议，且很容易使人上当。如果英国政府陷入这个为他而设的圈套，穆斯林在印度就会牺牲，随后将会导致灾难性后果，且对战争影响尤为严重。萨普鲁提案其实就是将所有权力移交给单一的印度教政府，这实际上是对影响深远的宪法问题直接进行决策，且违背英国政府给予穆斯林和其他少数派的承诺。因为英国政府在1940年8月8日的宣言中承诺在未经穆斯林同意的情况下，不得对宪法做出临时性或决定性修改，且不会强迫穆斯林顺从任何他们不能接受的政府体系。萨普鲁提案将印度看作是单一的国家，并以此为基础做出重大改革，从而破坏了穆斯林对巴基斯坦的要求，这也是穆斯林的信条。整个穆斯林惶恐不安，局势十分紧张。他们呼吁英国政府，如果想和穆斯林自由平等地合作，就应该在宪法发生重大改动时宣布接受巴基斯坦的计划。

　　"巴基斯坦"计划意味着穆斯林将拥有独立的领土和政府，其结果将会导致印度分裂。这一巨变现在终于完成，但这是以五十多万人的性命和上千万人的迁移为代价。在面临着各种入侵危险的战争时期要做到这些改变是不可能的。

　　第二份报告是菲罗兹汗·努恩爵士发来的。菲罗兹汗·努恩爵士

---

　　① 萨普鲁会议，指特志·巴哈杜尔·萨普鲁爵士代表一个被称之为无党派会议的团体，建议成立临时政府。那些发言人完全忽略了两个民族——印度教徒与穆斯林——的主张，因而立即遭到穆斯林联盟的拒绝。

是总督府执行委员会中的一位穆斯林成员。他反复强调不能采用真纳先生极力主张的印度教徒的解决方法，他的说辞令人信服。同时，他还总结道：

> 我认为我有责任提醒英王陛下政府，如果他们屈服于印度反英分子的威胁，从而违背之前所做的承诺，那么印度将会面临极大的危险，而且也是言而无信，因为英国一再声称它代表全印度人民，而不仅是国大党。我希望英王陛下政府能切实履行自己的义务，保护全印度人民的利益，不要屈服于对英联邦有异议的外部压力。

第三份报告是印度事务大臣的军事顾问发来的关于印度陆军的情况，内容如下：

> 印度陆军招募而来的士兵所处的阶层无法从地理上以省份为单位划分。大部分伊斯兰教徒来自西北边省及旁遮普，但也有一些来自拉杰普塔纳、中央省、联合省、比哈尔和马德拉斯等地。而大部分尚武的印度人（多格拉人、查特人）以及锡克人都来自旁遮普。来自尼泊尔的廓尔喀人，在军队中人数众多同时也是独立的存在。某一阶层的特定反应只有在宣言全面公布后才能做出判断，但现在对陆军的总体影响是可以预料到的。
>
> 印度士兵都是自发的雇佣兵（也可以称其为志愿兵）。他们参军是为补贴家用，或是希望获得一些奖励、抚恤金、养老金，而且还有可能获得土地。但除此之外，更重要的是他们有悠久的尚武传统，以军人职业为自豪，这其中的主要因素就是他们对英国军官和英王陛下的忠诚。但是，一旦服役的条件或者服役的国家有迹象进行根本变革，影响到他们的物质利益或是他们作为大英帝国士兵的信条，那么势必会

引起动荡。

3月7日，我再次致电罗斯福总统。

前海军人员致罗斯福总统：

我将按照我的计划把我们对印度的政策告诉您，现在我把旁遮普省长发来的电报发送给您。当然，针对这一问题的意见并非只有这些，但它们却非常重要，因为当敌军逼近国门时，旁遮普人提供了一半的兵力参加印度保卫战。我们仍然还在坚持不懈地寻找一些温和而又鼓舞人心的方法，但我必须小心谨慎，以免在这个日益动荡的时期给英国政界造成混乱。

1942年3月7日

省长写道：

即刻宣布印度将会允许在未来某一天脱离大英帝国，就其对旁遮普产生的影响，我的看法如下：大部分穆斯林中负责此事的人士坚定不移地认为，英国要在为穆斯林印度拟定好宪法以后，才能允许印度脱离。他们早已怀疑印度教徒有亲日倾向，因此，他们必然会担心按照预定的方针制定宪法会使权力落入印度教徒之手。这样一来，印度教徒就会将他们全部调离，使他们不能再保卫印度，而要在其他地方寻找同盟。穆斯林人同锡克人之间的关系本来就很紧张，上述原因会使他们之间的关系恶化到前所未有的程度。各族都希望自己族内的青年能留在国内维护自身的利益，结果将会对新兵招募造成严重影响。因此，这将不可避免地造成混乱，而规模已经缩小的保安部队恐怕难以应对这一局面。

＊　　＊　　＊

这时，总统也将他关于印度的看法发送给我。

罗斯福总统致前海军人员：

我仔细考虑过印度问题，也很感谢您一直就此事与我保持联络。您也知道，我做任何决策都不够自信，当然，关于这一问题，你们这些聪明人懂的比我多。我曾试图从历史的角度解决这一问题，且希望我就印度问题提出的新想法能对您有所帮助，这就是我之所以提到美国政府初建的原因。在1775年至1783年革命期间，英国殖民地建立了十三个州，尽管每个州都有独立的主权，但政府组织形式却各不相同。在战争期间，这些拥有独立主权的各个州之间情况混乱，只有两条纽带能将它们联系在一起，一个是大陆会议（一个效率极低而且权力不明的机构）；另一个是大陆军队，该军队由十三个州艰难维持。在1783年战争结束之时，由于当时新制度还在实施当中，且为建立最终体制所做出的努力也化作泡影，所以这十三个主权州虽然都各自承担了新责任，但显然还无法结成一个联邦。因而，这十三个主权州便按照《邦联条例》组成一个临时性政府继续发挥作用，因为只有从经验、考验和挫折中吸取教训才能建立一个永久性联邦。在1783年至1789年期间，各州的实践证明，由于缺乏一个联邦权力机构，各州很容易分散成为独立国家。在1787年的制宪会议中，仅有二三十人积极参加会议，他们代表全部十三个州。与国会不同，他们的集会是由少数几个真诚的爱国者召开，且唯一的目标就是建立一个联邦政府。会议讨论的整个过程都被记录了下来，且没有旁观者与会。现在的美国宪法便由此产生，且在不久之后有三分之二的州表示通过。

我建议在印度建立一个由少数代表领导，覆盖不同阶级、职业、宗教和地区的"临时政府"，其领导集团将作为临时自治领政府，当然，这只是我个人的想法。这个"临时政府"自然会代表现存的英国各省政府以及王公议会，但我主要是想让它承担为整个国家建立一个永久性政府的责任，这一想法可能要五六年或者至少要到战争结束后一年才能实现。我希望这个代表新自治领的中央临时统治集团能够在金融、铁路、电报等公共事业中掌握一定的行政管理权。

　　如前所述，美国在 1783 年至 1789 年期间遇到了许多困难，也为此付出了辛勤努力，我们或许可以从中得到启示从而改变印度的看法，使印度人民忘记怨恨，对大英帝国更加忠诚。在重点说明和平变革比动乱革命更为有利的同时，更突出强调印度面临着被日本统治的危险。

　　这一举措完全符合过去半个世纪以来世界发生的变化，同时也与所有同纳粹主义斗争的国家的民主进程相一致。我希望您不管采取任何措施，这一举措都应由伦敦方面提出，并保证印度那边对该举措无任何不满，且并非勉强或强制接受。虽然我很想帮忙，但还是希望你们看在上帝的份上不要把我卷进去。严格来说，这件事与我无关，它只不过是我们共同参与的大战中的一个重要组成部分而已。

1942 年 3 月 11 日

　　这份文件非常有用，因为它阐明了在不同时代背景下，我们很难对各种不同的实际情况进行比较，同时也说明了利用表面的相似之处来指导战争是非常危险的。

＊　　＊　　＊

　　3 月 8 日，日军进入仰光。在我绝大多数同僚看来，如果要组织印度部队进行有效防御，就必须设法打破政治僵局。战时内阁经常讨论印度问题。英国政府在宣言草案中表明了对英—印政府提案的看法，并决定派克里普斯爵士前往印度，与印度各派领袖当场进行讨论。

首相致印度总督：

1. 我同意你的观点，在尚未明确我们与印度各政党之间观点的异同点之前就抛出我们的宣言，这的确就像你说的那样会失败，还可能会在最危险的时候挑起激烈的纷争。昨天看到你的来电之前，我们就决定现在不发表任何声明，但会派出一名战时内阁大臣前往印度看能不能让印度各方当场接受我们的声明，不接受的话我们又何必自找麻烦？大公无私的斯塔福德·克里普斯主动请缨去执行这项吃力不讨好的任务，他将立刻启程。虽然我们解决问题的方针各不相同，但我相信他一定会不惜一切代价击败希特勒及其同伙。宣布由斯塔福德·克里普斯执行任务使人们狂热的躁动平静了下来，也给冷静解决这一问题赢得了时间，如果这样都不能解决的话，那就证明这一问题暂时无法解决。

2. 我们一致同意的这份文件代表着我们统一的政策。这份文件是为了维护印度各政党的利益而起草的，如果他们拒绝接受的话，我们便会将其公诸于世，到时候整个世界都将看到我们的诚意，必要的话，我们会在这个问题上力争到底。

3. 因此，我希望你能等掌玺大臣到达后，与他一同调查所有问题。宣言草案是最高准则，他肯定会遵守。此外，他非常重视印度目前的行政和军事情况。

4. 由于不利的谣言大肆地宣传以及美国方面的舆论，我们绝对不可能站在完全否定的立场，因此，克里普斯此次访问必不可少，只有这样才能让世人看到我们的诚意，并为必要的协商争取时间。

5. 我的意见是，作为全面胜利的组成部分，印度防御必

须取得成功而且绝对不能动摇，没有什么比这个更重要。斯塔福德·克里普斯爵士也持同样看法。

1942 年 3 月 10 日

次日，我公布了这些决定。

*   *   *

3 月 22 日，斯塔福德·克里普斯爵士抵达德里，基于英国内阁通过的声明草案，他主持召开了一次冗长的会议。英国提案的核心是，如果战后立宪国民代表大会提出要求，英国政府将郑重承认印度完全独立。因篇幅有限，我无法在此叙述会议谈判的详细内容。斯塔福德·克里普斯爵士的来电详细地说明了谈判结果。

掌玺大臣（在德里）致首相：

1. 今晚，我收到了国大党主席的长信，他在信中表明国大党无法接受我们的提案。他们基于许多立场表示拒绝，并不仅是防御问题。虽然信中指出国大党同意总司令应该掌握指挥战争的自由权，且其作为总司令和军事委员还有自由进行相关活动的权利。然而，国大党拒绝的主要依据是他们认为必须立即成立国民政府，而且在不改变宪法的原则下，"必须在协议中明确保证，新政府将像自由政府一样发挥职能，其成员将作为立宪政体的内阁成员"。信中还指出，提案中的规划前景与旧的没有本质上的不同。"我们所考虑的整体目标是对人民产生心理影响，让他们感觉到民族自由已经来临，他们正在保卫新赢得的自由。但当人民看到新提案与旧的提案没有实质性的不同时，他们一定会对我们无法实现整体目标感到沮丧，这就是为什么国大党不能接受的原因。"

2. 显然，双方没有达成一致的希望，我将于周日启程

回国。

1942 年 4 月 11 日

同日，又发来一封电报：

您将会收到国大党几乎全新的拒绝理由，但这很难在电报中说明。

在印度目前这种情况下，我们已经竭尽所能。我认为，您没有必要从士气或民众情绪的角度考虑，担心我的访问会使形势进一步恶化。况且我认为最近几天，公众的情绪有所好转。我个人认为尽管这次访问失败了，但气氛确实有所改善。

尼赫鲁终于登场，他发表了一篇精彩的全面抗日声明。真纳向我保证，穆斯林一定会坚定不移地支持抗战，而锡克人和其他少数民族总体上也会有所缓和，我希望能在某种程度上得到他们的进一步保证。真正的困难在于国大党的党内情绪，所以他们才会无休止地进行讨论，而且在决策上举棋不定。

如果我们能够妥善处理当前局势而不是相互指责，那么于 4 月 21 日召开的全印国大党委员会还有可能会发生改变，因为这一委员会可比工作委员会更具有代表性。

虽然结果令人惋惜，我们却没有感到沮丧。现在我们必须继续开展印度的防御工作。关于这一点，回来时我将会与您面谈。祝好，再见。

虽然生存战争日益紧张，而且还要保护四亿手无寸铁的民众免遭日本人侵略，但我还是能够承受得住这一消息，因为我从一开始就觉得可能会发生这类事情。我知道斯塔福德·克里普斯会因为任务失败而感到沮丧，因此我想尽办法安慰他。

首相致掌玺大臣：

你已经竭尽所能，你表现出来的坚忍、毅力和智慧充分体现了英国想要达成协议的强烈愿望。你不要因结果而感到失望和灰心，因为你的访问对整个英国和美国都产生了有利影响。谈判破裂是因为一些宏观问题，而不是因为复杂的防御方针，这一点还是对我们非常有利的。我很高兴你能立即回国，国内有一场盛大的欢迎仪式等着你。虽然你没有实现自己的愿望，但你已为共同事业做出了重要贡献，为印度人民的未来发展奠定了基础。

1942 年 4 月 11 日

克里普斯 4 月 11 日发来第一封电报，我立即将它转发给罗斯福总统。谈判破裂使总统感到沮丧，他极力劝我推迟克里普斯的回国日期，并希望克里普斯能做出最后努力。

罗斯福总统致哈里·霍普金斯（在伦敦）：

请将下列电文转发给前海军人员。为避免谈判破裂，我们必须全力以赴。

我真诚地希望您能推迟克里普斯从印度回国的日期，让他做出最后努力以避免谈判破裂。

您在电报中说美国舆论认为谈判是因一些宏观问题而破裂，很遗憾，我不能同意这一观点。美国民众对此事的大致看法与您说的正好相反。人们普遍认为即使印度人心甘情愿地把陆海军防卫控制权全权委托给英国，英国政府也不愿意把自治权交给印度人民，而僵局便由此产生。令美国舆论不解的是，既然英国政府答应在战后准许印度某些地区脱离大英帝国的统治，那么为什么不能准许印度人在战时享有同等的自治权？

我觉得我必须坦率地向您提出这个问题，相信您也会理

解我这样做的原因。如果因为美国人所知道的那些问题导致当前的谈判破裂，或是之后日本成功入侵印度，从而使我方海陆军严重失利，那么就很难估计这会对美国舆论产生何种不利影响。因此，您能否推迟克里普斯的归期并亲自指示他做最后一次努力，为达成共识奠定基础？根据我的判断，上周四晚上本来很有可能达成一致，如果当时您能允许他向对方说明是您亲自授权让他继续谈判的话，双方都能做一些小小的让步，我认为还是很有可能达成协议的。

　　正如我在之前的电报中说到的那样，我还是认为，如果现在给印度各团体一个机会让他们建立一个国民政府，且该政府实质上与我们根据《联邦条例》成立的政府形式相同，并与他们约定该政府在试行一段时期后便会终止，之后他们就能自行决定自己的宪政形式，且向您先前承诺过的那样确定他们与大英帝国未来的关系，这样就有可能找到解决方法。如果你们已经这样做了但克里普斯还是无法与对方达成一致，那么你们至少在这个问题上得到了美国舆论的支持，让美国人相信英国政府已经向印度人民提出了诚恳和公平的建议，这样一来，谈判失败显然就不能归咎于英国政府，而是印度人民。

1942 年 4 月 12 日

＊　　＊　　＊

　　庆幸的是，由于事态的发展，这一疯狂的举动没能实现。没有理想主义，就没有人类进步，但是打着理想主义的幌子，却以牺牲他人为代价，不考虑上百万无辜家庭遭到屠戮和毁灭的严重后果就不能称之为理想主义的最崇高的形式。总统回忆起美国独立战争时期，他把印度问题看作是十八世纪末北美十三个殖民地与乔治三世之间的斗争。相反，我有责任维护印度大陆的和平与安全，并保护这几乎占世界人口五分之一的印度人民。可是，我们资源有限且已经非常紧张。我们的陆军部队在日军的猛烈攻击下已经败退或是投降，海军已被逐出孟加拉湾，实际上已经远离印度洋，空军也明显处于劣势地位。但我们仍有希望和机会挽回颓势。在印度这片古老而广袤的土地上，我们已经统治了约二百年之久，保护它不受野蛮暴力的侵略是我们必须履行的职责。可是，没有完整的军政管理和战区管理的权力，这些希望和机会都会化作泡影。我们根本没有时间试行立宪来决定英国和印度"未来的关系"，而且令美国舆论满意也不是一个决定性因素。我们不能逃避责任，抛弃印度人民，任由他们走向无政府状态或被征服。虽然这也算是一项政策，但却是耻辱的政策。如果我们这样做的话，那不仅背叛了印度人民，还背弃了我们的士兵，让他们的作战基地以及英勇的印度陆军在混乱的政局和残忍的杀戮中崩溃瓦解。而竭力支援印度防务是我们必须履行的职责。

幸好研究印度问题的主要同僚与我观点一致，不然的话，我会毫不犹豫地卸下我的重担，因为这副担子有时并非仅凭一己之力就可以承担。在这种情况下，大家对我的信任就是我最大的慰藉。正如大家将在之后的叙述中看到的那样，我和战时内阁所坚守的信念是不辩自明的。

我回复了总统的来电，内容如下：

前海军人员（在契克斯）致罗斯福总统：

今天（12 日）凌晨三时左右，当我和哈里还在进行讨论时，就接到了您关于印度问题的来电，且内容与您的指示（关于霍普金斯的健康问题）不符。只有召开了内阁会议，我才能就此事做出决定，但内阁会议要等到下周一才能召开。克里普斯此时已经离开印度，英印双方也已经说明了谈判破裂的原因。在这种情况下，哈里打算打电话向您说明目前局势，但是由于气象干扰，电话未能拨通。他将会在今天下午打电话给您并向您发送一份报告。

您也知道，我一向重视您对我说的一切。但是，如果在现在这个紧要关头要重新处理所有问题，我觉得我将难以再次承担保卫印度的职责。我相信内阁和议会也同意我的这一想法。您的来电是写给前海军人员的，因此，我把它当作纯粹的私人信件进行保存，除非您愿意，否则我绝不会在内阁正式公开信件内容。我们之间存在任何严重分歧都足以令我心碎，在这个可怕的斗争高潮中，这势必也会对两个国家产生严重影响。

1942 年 4 月 12 日

* * *

4 月 12 日，斯塔福德·克里普斯爵士乘飞机离开德里返回英国。两周后，全印国大党委员会召开会议，会议坚持工作委员会在与掌玺大臣商谈时所采取的方针。他们坚持认为，"国大党根本不会考虑任何让英国保留印度统治权的计划或者提议，即使是部分地区也不行……英国必须放弃对印度的统治"。

正如斯塔福德·克里普斯所预测的那样，博学的尼赫鲁下定决心要抵抗日本。在克里普斯调查团离开印度的第二天，尼赫鲁说道："我们绝不会向侵略者投降。无论如何，我们都不会妨碍英国在印度的作战……我们的问题是如何组织部队。"他几乎处于孤立无援的处境，因为绝大多数国大党的领导者都支持甘地的完全和平主义。甘地 5 月 10日在报纸上写道："英国对印度的统治是日本入侵印度的诱因。一旦他们撤出印度，那么诱饵自然也会随之消失。假使诱饵未能消失，日军还是入侵印度，那么获得自由的印度将会更有能力应对敌军的进攻。这样一来，真正的不合作主义将会充分发挥作用。"

第六章

SIX

马达加斯加

我们对马达加斯加的担忧——戴高乐将军的愿望——我要求罗斯福总统在大西洋给予海军援助——罗斯福总统同意增援英国本土舰队——对马达加斯加的守备部队进行宣传——与美国合作使士气大增——限制我方行动的重要性——5 月 5 日成功登陆马达加斯加——战争进展顺利——一个令人不安的事件——马达加斯加岛投降

虽然马达加斯加和锡兰被辽阔的印度洋隔开，但人们还是非常担心日本的突袭和维希政府的叛变。我们自顾不暇，加上资源紧缺，因此很难做出决定。

1942 年 2 月 7 日，我一得知美国与维希政府之间的会谈悬而未决，就立刻致电罗斯福总统，因为这可能意味着美国方面承认由维希政府继续控制马达加斯加。

我希望您不要做出马达加斯加岛和留尼汪岛不被占领的保证。日军总有一天会来到马达加斯加，而维希政府在法属印度支那的抵抗尚且如此，那么它在马达加斯加也不会进行更多的抵抗。如果日本在迪戈苏瓦雷斯港建立空军、潜艇或巡洋舰基地，那么整个通往中东和远东的航运路线必将瘫痪。因此，我们曾计划从尼罗河或南非出发，抵达迪戈苏瓦雷斯并在此建立基地。不过，我们现在根本抽不开身，因此只能无限期推迟这一行动，但我不希望它就此终结。当然，我在采取行动之前一定会通知您。

总统在复电中做出了如下保证：

> 您要相信，我没有做出马达加斯加岛和留尼汪岛不被占
> 领的保证。

史末资也同我一样，对美国就马达加斯加问题与维希政府进行谈判感到担忧。2 月 12 日，他发来电报说他非常担心"我方放弃行动自由换来的只不过是一些微不足道的回报"。他接着说道："我认为马达加斯加是保障印度洋安全的关键所在。正如印度支那在维希和日本人手中所起的作用那样，马达加斯加也会发挥同样的作用，使我们在印度洋的安全受到威胁，从而影响我们与各大战场的联系以及大英帝国在东方的所有交通线。"

为了让他安心，我把我与总统的往来电报复述给他。

* * *

早在 1941 年 12 月 16 日，也就是日本参战后不久，戴高乐就极力主张自由法国应该攻占马达加斯加岛。1942 年 2 月 19 日，他又给我写信，催促我们尽快做出决定，随后他还向我方三军参谋长提出一项计划，建议自由法国军队在英国海军以及空军的支援下进行远征。

我一直赞成让戴高乐的部队驻守在马达加斯加。

首相致外交大臣及参谋长委员会：

如果自由法国有机会占领马达加斯加，我会大力支持。但如何才能实现这一计划？

1942 年 2 月 21 日

三军参谋长在给我提出的意见中指出，如果我方想单独攻占马达加斯加，就势必需要大批英国部队，而这种调动将会危及对印度、锡

兰以及印度洋上各基地的增援。

所以，我从一开始就觉得我们的力量还不足以进行远征。我的备忘录内容如下：

> 首相致参谋长委员会：
>
> 我同意暂缓马达加斯加行动。
>
> 无论如何，我们都不允许组成一支混合型远征军。要么等自由法国军队登陆以后单独作战；要么大英帝国单独作战，只能选择其中一种方式。
>
> 我不能立刻拒绝戴高乐的计划。要知道，他仅用十六人就占领了法属喀麦隆。
>
> 1942 年 3 月 1 日

> 首相致史末资元帅：
>
> 我们仔细考虑过戴高乐将军关于让自由法国军队攻占马达加斯加的建议，这取决于英国海军和空军的支援。同时，我们也不确定自由法国能否获得必要的军队。我们希望你不要立即拒绝戴高乐的提议，特别是从目前维希政府的态度来看，我们更加不能冒失败的风险。
>
> 1942 年 3 月 5 日

*　　*　　*

孟加拉湾面临的威胁不断升级，锡兰又危在旦夕，最后，我们下定决心夺取迪戈苏瓦雷斯的优良港口。虽然从战略角度来看，岛上其余大片区域没有那么重要，但如果日本在马达加斯加设立潜艇基地，那将会带来巨大的灾难。络绎不绝地绕过好望角前往印度的增援部队似乎能顺道执行这一任务，而不至于浪费太多时间。我们对达喀尔的记忆深刻，因此，我们不能让自由法国加入，因为这只会使此次行动变得更为复杂。最后，我们还是决定由英国军队负责此次远征。

首相致伊斯梅将军，转参谋长委员会：

　　我们必须特别关注并研究马达加斯加的形势。为此，我们应采取以下措施：1. 将"H"舰队（英国精锐舰队，此时在地中海西部防卫）调离直布罗陀；2. 必要时派遣一支美国机动舰队接防，明天我会就此事询问美国总统的意见；3. 联合作战部队司令官（蒙巴顿勋爵）在会上提到的四千名士兵与船只也应投入作战；4. 初定于在 4 月 30 日左右发起进攻；5. 一旦进攻成功，突击队应尽早由防守部队接防。外交大臣建议可由来自刚果的比利时部队接防，据说这是一支人数众多的精锐部队，而且随叫随到。毫无疑问，英国或南非的几支小部队也可担任这一接防工作。为了缓和法国舆论，我们可以考虑在战后允许自由法国军队驻守此地，但是有严格的附加条件。第一海务大臣指出，美国舰队临时停靠在直布罗陀海峡具有极大的战略优势，因为它完全可以逃过"奖金"①作战计划中对港口实施的报复性轰炸。

　　以上各点看起来非常协调。请向我提交一份作战计划，若有异议，请说明理由。无论如何，我们的东方战场需要这样一批突击队。

1942 年 3 月 12 日

＊　　＊　　＊

　　我们并不是唯一从这个角度考虑问题的人。希特勒司令部也在当天傍晚召开会议，在会上，海军总司令向元首作出如下报告：

---

① 奖金，原是进攻马达加斯加作战计划所用的电报密码代号，后来改称"铁甲舰"。

日军已经认识到马达加斯加对海战具有重要战略意义。提交的报告表明，除锡兰以外，日军还打算在马达加斯加建立基地，从而使印度洋和阿拉伯海之间的海上交通陷于瘫痪。他们还可以从这些基地出发，向绕道好望角的船只发起攻击。但是，日本须经德国同意才能建立这些基地，而德国出于军事考量会同意日本这样做。我们要注意，此事具有重大政治意义，因为一方面，它涉及法国同德、意、日三国之间的关系问题，另一方面，它还牵涉到与英国关系的基本问题。日本此次行动将会遭到来自法国本土、非洲殖民地以及葡属东非的反对。

希特勒认为法国不会同意日本攻占马达加斯加。

* * *

此次海军行动牵涉范围广，"提尔皮茨"号进入内海也将受到严重威胁。因此，我不得不请求罗斯福总统在大西洋地区给予我们临时增援。当然，我不知道他会如何协调此事与他面临的其他问题，但我知道他一定会竭尽全力帮助我们。

前海军人员致罗斯福总统：

我们已经决定实施"奖金"作战计划，因为它绝对不可能削弱我们的东方舰队，所以我们将全部调用现驻直布罗陀的"H"舰队。不过，这将会使地中海的西部出海口失去掩护，我们很不希望出现这种情况。您能否从大西洋派两艘战列舰、一艘航空母舰、一批巡洋舰和驱逐舰临时接替"H"舰队的防务？"H"舰队将于3月30日前驶离直布罗陀，6月底前几乎没有返航的可能。因此，在4月1日至6月底期间，我们没有计划让"H"舰队在地中海进行任何军事行动。即

使法国对"奖金"计划进行报复，它也绝不可能对美国军舰
发起空袭。美国海军驻扎直布罗陀本身对提升海峡两岸的士
气非常有利。您只有这样做才能进行"奖金"作战计划。反
之，如果不进行"奖金"计划，基地就会落入日本人之手，
从而产生极大危险。我们没有向任何人透露我们的计划，
而且攻击部队很容易与我们3月份的护航队联合，一起驶
向东方……

1942 年 3 月 14 日

虽然与海军部让我提交建议的方式不同，但总统还是给了我们一
个满意的答复。他更愿意派遣最新的战列舰和其他几艘重要舰船加入
我们的本土舰队，而不是让美国分舰队驻守直布罗陀。

*　　*　　*

作为全面增援我方在远东阵地的重要步骤，我们已经开始制订
"铁甲舰"作战计划的详细方案。负责执行该计划的兵力由第二十五
独立旅和一个突击队组成，二者都经过专门的两栖作战训练。此外，
第五师的两个旅也已奉命随前往中东的运输船队一同航行。这些部队
都由皇家海军陆战队的少将斯特奇斯指挥，定于3月23日离开英国。

虽然我们的计划并没有泄露，但我心中仍有隐忧。事情的总体发
展可能会导致维希政府从达喀尔增援马达加斯加，因为达喀尔聚集了
一批特别仇视我们的领袖和部队。因此，我要求格外警惕从达喀尔开
往该岛的任何运输船和其他船只，因为我方军队即刻出发前往该岛。
海军准备在好望角阻击维希的舰只，这自然引起了史末资元帅的注意，
他只是不知道该如何应对。因此，我致电他：

首相致史末资元帅：

　　1. 由于维希政府不能有效抵抗日军侵占马达加斯加，日

军也会严重威胁我们中东运输船队的安全，而且还很有可能进一步威胁到南非，因此，我们决定突击占领迪戈苏瓦雷斯。我们认为此次军事行动规模巨大，能够取得成功。攻击部队将于今晚启程，一同前往的还有一支五万人的运输船队，他们将一起开往东方。

2. 我们很快就会将此次军事行动的代号通知你，今后作战将启用代号。海军特别护航舰队需要调遣直布罗陀分遣队、各种航空母舰和坦克登陆艇，这些都已安排妥当。为了促成这项行动，罗斯福总统已经派遣了最新式的战舰和几艘重要舰只来加强英国本土舰队，因为部分英国本土舰队将被派去直布罗陀换防。

3. 我们不能让法国军队经由达喀尔来增援我们正在讨论的这个岛屿。虽然我们的计划并未泄露，且大家都知道该岛的港口具有重大的战略意义，但我们无法阻止德国和维希动歪脑筋，也控制不了英国媒体的主观臆测。尽管如此，只要能够阻止达喀尔的法军，我们就能捷足先登。如果此次军事行动取得成功，对我们将大有裨益。

4. 尽管几个星期以来，我们一直在研究这项作战计划，但要等罗斯福总统为我们提供所需的海军增援我们才能做出决定。我们上周末才解决这一问题，我一直找时间打算把所有情况告诉你。我自然不会谈到技术层面的细节，但据我所知，我们在这上面已经花费不少工夫，且三军参谋长深信我们投入作战的部队十分强大，足以让当地的守军束手就擒。我们仔细研究过维希政府的反应。在我看来，巴黎工厂遭到轰炸他们都能忍气吞声，所以在这件事情上他们也不会有过激反应。

5. 因此，我恳请你支持这项计划，必要时我们可能还必须在好望角扣留法国船只，希望你能提供帮助。我们会尽可能对它们宽大处理，但无论如何法国船只都不能开到马达加

斯加。

6. 眼下我的日子特别不好过，但比一年前的孤立无援好得多。我们绝不能失去敢作敢为的精神，尤其是在艰难的岁月里。

1942 年 3 月 24 日

史末资立即回复了我：

史末资元帅致首相：

您的来电改变了整个局势。从以前的函电中我得出一个结论：直到锡兰局势稳定下来，我们才能进行马达加斯加作战计划。在这种情况下，拦截维希政府的护航船队很可能导致与法国关系的长期危机，还可能会引起美国方面的误会。然而如今这些顾虑都烟消云散，我将全力支援拦截护航船队这一行动。

您的勇气令我十分钦佩。我坚信您一定能克服所有困难。

1942 年 3 月 24 日

史末资对此次行动充满热情，他立即着手制订各项计划，准备占领整个岛屿并调集南非军队协助我们实现这个无限期推迟的计划。我们必须记住，尽管占领马达加斯加岛上的海军基地或者整个岛屿这一行动就其本身而言是必要的，但这个行动只是我们主要作战方针附带产生的结果，我们的主要方针是增援印度，防止日本可能发起的进攻。

首相致伊斯梅将军，转参谋长委员会：

1. "铁甲舰"作战计划。向维希守军发放传单和宣传的工作进展如何？据报告，法国海军反对英国，而他们的陆军却反对维希政府，我们千万不能忽略这一点。我已经致电罗斯福总统，询问他是否能将此次行动称为英美联合军事行动。

无论如何，我们都应该让维希的守军知道，我方攻占马达加斯加的目的是为了防止该岛落入日军之手，一旦轴心国战败，我们保证将其归还法国。传单写好之后请交给我过目。如果没有，现在还有时间让史末资元帅在开普敦起草付印。除非总统坚决反对，否则我准备宣布在法国解放以前，该岛由英美两国共同保护。不过这一问题还必须与外交部磋商。

2. 我军在后方登陆时，可否率先派出一只插有白旗的小船驶入港口？这样会在我方兵力占绝对优势的情况下向敌军开出具有诱惑的投降条件。我们必须仔细研究上述行动。

1942 年 4 月 2 日

首相致罗斯福总统：

我方尊重您与维希政府之间的关系，你们为他们付出的每种代价都是值得的。但请注意：

绝不能让我方现在正在进行的"铁甲舰"计划受到任何阻挠。美国不能向法国做出任何承诺，即美国会像保卫印度支那那样保护法国殖民地，这样他们就不会抱怨美国不守信用了。

我方已经周密部署此次军事行动。我方将派出两个训练有素、作战能力强的旅，第三个旅则为牵制部队，此外还有坦克登陆舰、两艘航空母舰、一艘战列舰以及一些巡洋舰保驾护航。以上这些都是日渐壮大的东方舰队的新增力量。如果遭到攻击，我们就发放传单，说明这是英美联合远征军，这将会对我们大有帮助。不知您是否同意这一做法。

1942 年 3 月 27 日

总统不愿接受我们发放传单的建议，因为他希望维持同维希政府的关系，以实现更大的目标。

罗斯福总统致首相：

您在来电中建议以发放传单的方式说明军队是英美联合远征军，我觉得不太妥当。因为美国是唯一能与维希政府进行外交调停并可能取得成功的国家。在我看来，最重要的是我们能与维希政府进行调停，但发传单或者其他与你们行动相关的任何非正式手段都将使局势变得复杂。我希望您能同意我的这一看法。

1942 年 4 月 3 日

我被总统说服。

* * *

截至 4 月 22 日，所有远征军都集结在德班，其中包括从萨默维尔海军上将的舰队中调来的"拉米伊"号战列舰、"光辉"号航空母舰、两艘巡洋舰、十一艘驱逐舰、大批扫雷舰及反潜快艇，还有十五艘运载陆军的攻击舰和运输舰。此外，航空母舰"无畏"号随后也将参战，代替被击沉的"赫尔米兹"号。接下来的日子紧张而艰辛。许多船上的大量物资需要重新分装才能满足攻击的要求；作战计划的细节还需最后完善；下达命令后，经海路长途跋涉后的士兵开始训练，训练任务很特殊，大多数士兵还不习惯。这是自达达尼尔战役后二十七年以来，我们第一次大规模的两栖作战。其间，两栖作战战术已经发生了革命性巨变。海陆军司令官、参谋长还有士兵们此前都没有进行过如此艰难的作战，因而缺乏经验。

我特别担心我军在占领主要海军港口后，会被敌军引入马达加斯加的丛林深处。

首相致伊斯梅将军，转参谋长委员会：

你不必过于重视"控制整个岛屿"，因为该岛长九百英里。现在，重要的是夺取两三处中心地带，尤其是迪戈苏瓦雷斯。我们作战的目的并不是征服马达加斯加，而是建立几处主要的战略阵地，使该岛免受日军大范围侵袭。我们的主要目标是尽早将精锐部队运至印度和锡兰，让从东非和西非来的几营驻防军接替他们。夺下这个地方将会对我方有所帮助，而不是新增的负担。真正防卫马达加斯加的军队是驻守在科伦坡和阿杜环礁（T 港）的东方舰队，同时要配备足够的空军。如果大家都能认可这一点，我会十分开心……敌军虽已侵入凯思内斯郡，但我们仍可以守住朴次茅斯。同样，尽管敌军仍然盘踞在安塔那那利佛和塔马塔夫一带，我们还是能守住迪戈苏瓦雷斯。

1942 年 4 月 30 日

韦维尔将军现在正面临着日军侵略印度的威胁，他要求掌握更多关于整体局势的情报。因此，我不得不再次向他做出保证。

首相致韦维尔将军：

马达加斯加对保卫印度极为重要，如果日本取道锡兰，且法国默许他们驻扎在那里，就像他们以前驻扎在印度支那一样，那么我方和你们以及中东联系的全部交通线即使没有被切断，也会遭到破坏。我方军队当然有被牵制在此的危险，从而使该岛沦为负担而非帮助。我们希望利用精良的部队进行猛攻，从而将这个风险降到最低。我们一占领迪戈苏瓦雷斯，就会尽快将所有支援运到你处。我们计划派遣两个非洲旅守卫马达加斯加，其中一个旅来自比属刚果或西海岸。这两个旅已经接到命令，其中一个旅将于 6 月 1 日启程，他们在非洲和在马达加斯加所起的作用是一样的。第五师也将立刻单独开始展开行动……

你说 5 月和 6 月是我们在东方最难熬的时候，这一点我

与你看法一致。但我深信第五师和第二师将分别在 5 月和 6 月到达你处。虽然我们遭受了不可估量的战争危险，但无论如何，我们都已下定决心这样做。

1942 年 5 月 5 日

我又向奥金莱克将军解释了当下局势。

首相致奥金莱克将军：

　　太平洋和印度洋地区在接下来的两个月里无疑会危机四伏，因为没有人能准确猜到日本的下一步行动。澳大利亚人自然会认为日军下一个侵略对象会是自己。表面看来，日军似乎真的会威胁或攻击莫尔斯比港和达尔文港。毫无疑问，他们的目的就是要尽可能地将我军封锁在澳大利亚。

　　有一点是肯定的——日本不可能同时进行所有行动。他们对科伦坡和亭马可里港的战争结果不满，所有的航空母舰都已经撤回日本或者中国台湾岛以补充飞机的严重损失。如果他们要对锡兰和印度分别或同时发动大规模进攻，那为何他们不尽早这样做？这一点很让人奇怪，因为他们本可以在爪哇失陷的时候，或在 4 月初大批日本海军进犯印度洋的时候这样做。目前我们还没有特别的理由可以证实日军即将大举入侵印度。

　　我们希望今天就能攻下迪戈苏瓦雷斯，为此我们已集结了强大的作战力量……英国第八装甲师在 7 月上旬已经绕道好望角，如果印度、中东或者澳大利亚遭到大举进犯，该部队就可前去支援。

1942 年 5 月 5 日

＊　　＊　　＊

载有攻击部队的快速运输船只已于 4 月 28 日离开德班，而载有陆军运输工具和物资的慢船早已先行。西弗莱特海军司令和斯特奇斯将军二人都乘坐"拉米伊"号战列舰。5月4日，所有远征军都进入攻击范围内。迪戈苏瓦雷斯深入马达加斯加东北海岸，几乎切断了该岛北端陆地与其他部分的联系。市区对面的港口安西朗港控制着入口。据说东边的入口守备森严。不过，地峡西边有几处海湾，虽然出入困难，但可停靠大型船只。这里的防御力量不太强大，夜间突袭可能会有效果，一旦陆军登陆，他们距安西朗将不到十八英里。因此，位于西海岸的科雷尔湾可作为攻击发起点。运输船只在黑暗中必须经过引导才能通过航线曲折且有可能布雷的浅峡抵达情况不明的敌方海岸。第一批部队在5日清晨四时三十分登陆，他们未遭受任何损失便占领了唯一可以向海面射击的炮台。半小时后，海军航空舰队的飞机开始攻击迪戈苏瓦雷斯的机场与港口的船只。巡洋舰"赫米昂"号从东面进行佯攻。虽然维希法国对此感到十分意外，但依然坚持抵抗。下午，第二十九旅及其所有装备都已登陆并继续前进，突击队也抵达安德拉卡半岛东端，第十七旅也开始登陆。

在十二辆坦克和两门大炮的掩护下，第二十九旅的先头部队攻下了敌军两个阵地，但之后在安西朗以南两英里处被驻扎在公路两侧主要阵地的敌军拦住了去路。该地区戒备森严，设有水泥碉堡。6日黎明时分，南兰开夏第二军击破敌军左翼并在敌后方建立阵地，一整天都在猛攻敌军。在这一获胜的消息传来之前，斯特奇斯将军要求海军司令西弗莱特派遣一部分海军陆战队在安西朗登陆。这是一次大胆的行动。"拉米伊"号上的五十名皇家海军陆战队员由驱逐舰"安东尼"号运载。该舰以高超的技巧于傍晚时分开进港内，并成功将舰上的陆战队员送上岸。"安东尼"号在熊熊炮火的攻击下成功脱逃。随后，普赖斯上尉率领五十名队员在黑暗中摸索进城，没过多久就发现并占领了敌人的海军弹药库并在仓库内发现了大批步枪、机关枪以及约五十名英国战俘。这是一次成功的行动。与此同时，第二十九旅在第十七旅的增援下取得了全面胜利。7日拂晓之前，敌方司令官放弃了安西朗，该城及大部分防御工事随即被我军占领。我们现在需要攻占掩

护港口入口处的要塞，但是早晨"拉米伊"号对其进行短暂的炮击后，该要塞也已投降。上午11时战斗全部停止，英国舰队于午后驶入港内，陆军全部伤亡人数不到四百人。

首相致西弗莱特海军司令与斯特奇斯将军：

你们迅速果断地完成了此次艰险的作战任务，对此我表示由衷的祝贺。

请向全体官兵传达我美好的祝愿，并转告他们，他们的战果对英国乃至整个盟国大有帮助。

另致第二十九旅：九个月前在因弗雷里见到你们的时候，我就确信你们这支军队一定能取得辉煌成就。

1942年5月9日

＊　　＊　　＊

西弗莱特海军上将在海军部时曾担任过我的海军秘书，同时也是我的朋友。我给他发送了一封电报，详细解释了我们的作战方针。

首相致西弗莱特海军上将：

我希望你能看清我们在马达加斯加作战的情况。马达加斯加是助力而非阻碍，是保障而非负担。我们不能让可以有效作战的野战部队长期滞留此地。第十三旅和第十七旅必须立刻前往印度。如果你能在接下来的几天里攻下塔马塔夫和马任加，他们就能在这方面给你支援，但他们总有一天要离开。

1942年5月15日

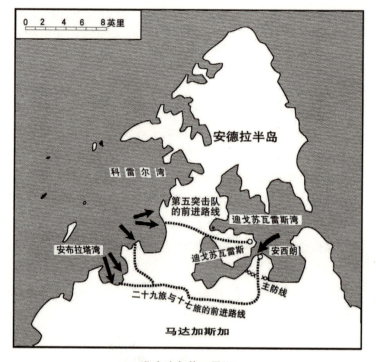

进攻迪戈苏瓦雷斯

自制订并实施"铁甲舰"作战计划以来，印度的局势已转变为对我方有利。随着时间的推移，日本并没有向锡兰或印度发起进攻。相反，这些危险似乎离我们远去，变得越发的不可能……我们没有想到日本会试图进攻迪戈苏瓦雷斯，因为这要出动上万人的兵力，再加上装载这些部队的运输船只、战列舰和航空母舰，这将需要调动他们大部分的舰只。他们每出动一艘舰只都要比我们更深思熟虑。因此，你们的问题就是利用最有限的资源守住这个地方。

也许你会认为最好还是等局势稳定下来再与法国达成某种临时协议，但我们还应该利用金钱和贸易上的便利条件。

对你来说，支援战争最有效的方式就是尽早让第十三旅和第十七旅开往印度，第二十九旅也应当在接下来的两个月

内抵达印度。当然,我们必须守住迪戈苏瓦雷斯,绝对不能出现任何差错。除此之外,其他一切都处于次要地位。

西弗莱特海军上将立刻回电:

> 您谈到的总体局势对我们大有帮助……就我军占领迪戈苏瓦雷斯一事而言,我认为法国会采取宽容政策。但是,要想进一步和法国建立密切关系或是扩大我们的控制领域,我们就必须占领塔马塔夫与马任加……我们除了用武力实现这一目标,别无他法。
>
> 1942 年 5 月 15 日

我回复道,目前应该放弃占领塔马塔夫和马任加这一计划,且以最少的兵力保障迪戈苏瓦雷斯的安全。不过,史末资元帅催促进一步采取行动,他的理由令人信服。

> 史末资元帅致首相:
> 法国潜艇经常停泊在塔马塔夫与马任加以及其他港口,日军也能使用这些港口。马达加斯加当局非常仇视我们,虽然当地居民并不如此。自攻下迪戈后,我们到目前为止还没有遇到实质性的抵抗。不过,一旦他们有时间组织抵抗,我们的工作就会非常棘手。控制马达加斯加对印度洋的交通线极为重要,我们不能冒任何风险。
>
> 1942 年 5 月 28 日

外交部也迫切希望进一步展开行动。但是,我必须时刻考虑韦维尔的需要以及印度可能遭日本侵略的威胁。

＊　　＊　　＊

到目前为止，所有工作都已按部就班，但现在却发生了一件令人不安的事情。5月29日，一架不明国籍的飞机出现在港口上空后又迅速飞走，这似乎预示着空军与潜艇攻击战即将打响，因此，我们下达了特别警戒命令。第二天傍晚，"拉米伊"号与附近的一艘油船遭到鱼雷袭击，这些鱼雷究竟来自何处？这又预示着什么？

史末资元帅致首相：

　　对于迪戈的不幸，我在此表示诚挚的慰问。这次袭击一定是维希或者日军的潜艇根据维希政府方面的情报和建议进行的。这一切都说明我们必须尽早铲除维希对整个岛屿的控制。在目前这种情况下，采取绥靖政策是十分危险的，以前实行的所有绥靖政策无一不是如此。我相信我们很快就会把这件事处理好。南非旅已准备就绪，只等运输船只的到来。祝好。

1942 年 6 月 1 日

首相致外交大臣：

　　对于迪戈苏瓦雷斯事件，海军部认为是由一艘较大的日本潜艇携带一艘小型潜艇和一架侦察机，在攻击距离以内对港口进行袭击。执行任务后，由于处境危急，小型潜艇上的所有船员——两个日本人把潜艇凿沉后上岸，随即被我方巡逻部队射杀。由于他们身上的文件是日文的，于是便有一名译员正乘飞机赶来。如果这种说法是正确的，那么，身处马达加斯加的维希法国当局不一定与这件事情有牵连。

1942 年 6 月 2 日

让我们安心的是，这一说法很快就被证实。那两个日本军官为他们的祖国而牺牲。"拉米伊"号于6月9日平安抵达德班，但是好几个月不能参加战斗。

＊　　　＊　　　＊

关于马达加斯加的叙述就此告一段落。占领迪戈苏瓦雷斯后，我曾给过法国总督一段时间，希望他能改变自己亲维希政府的态度。要控制莫桑比克海峡就必须占领西岸港口，我方东方舰队的主要护航队曾在那里受到潜艇的干扰。但总督的态度依然十分顽固。因此，我们必须采取进一步作战行动，并由东非司令普拉特将军担任指挥。9月10日，英国第二十九步兵旅在遭到轻微抵抗后占领了马任加。第二十二东非旅随后登陆，他们在行军途中超过第二十九旅，沿公路向首府及总督府所在地塔那那利佛挺进。同时，另一小股南非军队沿海岸公路向南行军。第二十九旅再次登船，最终抵达东岸塔马塔夫。9月18日，他们几乎没有遭到抵抗便占领了该城，随即向塔那那利佛推进，于9月23日攻克首府。

我们的军队受到当地居民的欢迎，但总督偕同一些参谋人员已随军向南撤退，我们已经派人前去追击。在10月19日的战斗中，我军成功俘虏敌军七百五十人，而我方无任何伤亡。此次胜利具有决定性意义。11月5日，总督接受了我方的投降条件，但该岛的政府机构仍然在法国人手中。通过这几次作战，我方最后以一百余人的伤亡为代价获得了对马达加斯加的军事控制权，而该岛对保障同近东还有远东的交通线安全具有重要的战略意义。马达加斯加战役凭借着隐秘的计划和精准的战术成为海陆两栖作战的范例。当我们非常渴望成功的时候，马达加斯加战役胜利的消息正好传来。事实上，英国民众在此后相当长的一段时间里，都将这场战役视作指导成功高效作战的唯一范例。

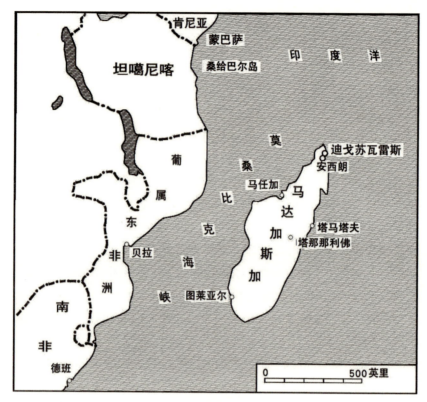

马达加斯加

附 录

首相以个人名义发出的备忘录与电报

1942 年 6 月

首相致伊斯梅将军，转参谋长委员会：

1. 除了目前已在海上待命或出发的军队之外，我从未建议过再派更多的军队前往东方。未来最需要的就是飞机、一定数量的登陆艇以及可能需要的任何特殊船只。如果我们在利比亚取胜，那么我们必须重新审视整个局势，届时我希望韦维尔将军能告诉我们他的意见：他希望做些什么以及如何去做。至于第八装甲师和第四十四步兵师，现在无须做任何决定，当他们绕过好望角之时，我们再视当时的局势做决定。今年我们也没有承担经由缅甸出发袭击日本交通线的任务。当然，如果苏联南方的战线崩溃，就不存在向远东推进的问题。无论如何，我再重申一遍，只启用当前派到东方战场的军队。

2. 我们不能轻易默许拖延，这阻碍了东方舰队集结。萨默维尔海军上将的电报中谈到了许多，他主张被动行事，以避免在孟加拉湾"浪费"兵力等……该舰队一旦集结并以锡兰港口为根据地以后，其任务就是阻挡任何从海上发起的对印度东部的进攻，除非进攻军队由实力明显更强的日本军队护航。同样，在我们以海岸为基地的空军在印度东海岸成立而且兵力充足之时，它便可以为我们的两栖远征队护航。空军是在这里展开活动的关键，这一点我完全赞同。因此，让我

们等待:(1)利比亚战争的结果;(2)韦维尔的意见。

3. 随着日军的前进,他们将分散于缅甸和中国南部的广大荒野地区,并与中国军队短兵相接。在这些地区,日军仅有五六个师,而且物资供应将成为其难题之一,尽管他们可以挨过艰辛的生活。无论在什么地方,我们都承担不起军队无所事事、飞机也被闲置的责任;随着夏季过去,我们可能在阿恰布重建基地,并持续进攻敌军较近的营区,耗尽敌方空军力量。发起两栖攻击的条件是否会自行出现,尚且没有人能够确定。但是,不进行万全准备,以备在时机来临之时可趁机而动,就是目光短浅了。许多现在我们尚不明确的事,到 8 月便能见分晓。

1942 年 6 月 1 日

首相致陆军情报局局长:

请将南斯拉夫的爱国活动以及德意侵略者在当地的相关形势写一份报告给我,报告篇幅不要超过两页。

1942 年 6 月 2 日

首相致空军参谋长:

据我推测,派尔将军及其他相关人员都十分紧张,因为预计德国会对我们的(千架轰炸机的)空袭实施报复。

1942 年 6 月 2 日

首相致劳工大臣:

(副本送生产大臣和枢密院长)

承蒙你 5 月 14 日的备忘录(关于现在和战前的人力情况的比较),不胜感激。

我们已招募到二百万人投身军队、民防、工业以及各项事业中,我们还特地将失业人员吸纳进来参与工作,而且如此多的民众由从事民间工作转变成为军队和政府工作,我认为我们的工作完成得

很好。

　　我们可直接用于战争的人力很快就要达到极限。今后生产大臣和各个供应部门需努力提高管理效率，并且在政府的各部门之间，如在建设工作与生产工作之间，在海陆空三军与各兵种之间，妥善分配人力。到美国参战之时，可能还会做出一定程度的调整。

1942 年 6 月 2 日

首相致伊斯梅将军，转参谋长委员会：

　　这封（来自中东各位总司令的）电报是一个典型范例，显示出在无尽的消极防御中资源是如何被浪费和分散的。我们无须因为敌军会在某个未设防的地点出现就害怕陷入困境。维持所有地方的防务只能是海军，其基地设于锡兰港口，并能为海军航空兵和以海岸为基地的空军提供足够保护。为防敌人从海军的防御盲区乘虚而入，我们应在埃及战场准备、组织和保持一支拥有两栖装备的机动部队。这支部队可以是装备得当的一个旅，在入侵者发动攻击之后着手攻击敌军，对他们实施有力打击。虽然这支部队是在纸面上组织的——即使有时能在条件允许的情况下作为能独立执行战术任务的单位行动——但还是不能作为中东现有的兵力，且该部队应当在任何有需要的时刻加入战斗。在我看来，这是个好机会，可以让各位总司令铭记：想要保证任何地方都安全简直荒谬。世界上无论有多少士兵也满足不了这样的要求。

1942 年 6 月 3 日

首相致伊斯梅将军，转参谋长委员会：

　　1. 自从皇家海军陆战队各旅随达喀尔远征军出征之后，我就再也没有收到过有关他们的消息。这一部队的征用有何方案？其将在"痛击"作战计划中派上用场，还是在"围歼"作战计划中发挥作用？如果都不是，可否将其派给韦维尔将军？因为不久之后，在韦维尔将军负责的地区，受过良好训练的轻装两栖部队应当有机会大显身手。

2. 请就此事发一份报告给我。

1942 年 6 月 3 日

首相致自治领事务大臣：

自我们上次考虑这一问题（南爱尔兰的供应）以来，形势已经发生重大变化，而且变化对我方是有利的。大批美军正开赴爱尔兰。德国人已在东线泥足深陷，现在我们正准备进军大陆。因此，假使我们需要南爱尔兰的基地，那么现在打算提供给南爱尔兰的武器几乎不可能会用于对抗其他人，反而会用于自我防御。

无论如何，我认为此事并不紧急。所以我希望，在我们清楚苏联战事发展状况之后，再考虑这个问题。

1942 年 6 月 6 日

首相致陆军大臣、空军大臣和工程与建筑大臣：

正如你们所知，如果通过其他方法使得煤的生产和消耗达到平衡，政府就会免于实行国内燃料配给政策。

战时内阁已命新成立的燃料与动力部对煤矿现有存煤的充分利用进行监督，作为缩小生产和消耗之间差距的一部分措施。对于存煤中有些质量较次的煤，该部只得要求工业企业和其他耗煤大户购买一些比其惯用煤质量差一些的煤。

新成立部门需同那些用煤量大的各政府部门进行通力协作。如果能向你们部门的相关单位说清楚，它们必须以接受一批质量较次的煤的形式支援该部工作，我将非常高兴。

1942 年 6 月 11 日

首相致海军大臣：

由于你们海军部大楼的新建工程导致材料凌乱地堆放在近卫骑兵操场，数月以来该操场面貌大改，不成体统。

我希望现在可以清除这些障碍物，也相信该项工作可以立即进行，

不会有半点拖延。

请告诉我，你们有何提议；还有，需要多久才能将海军部所在的操场清理完毕。

1942 年 6 月 11 日

首相致伊斯梅将军：

请将 6 月至 7 月在苏伊士运河上岸或抵达苏伊士运河的所有坦克列表报送给我，并在其中详细说明型号。

1942 年 6 月 12 日

首相致第一海务大臣：

请写一份关于在莫桑比克海峡沉没船只的报告发给我。日本潜艇或德国潜艇的基地何在？你提议采取什么措施？

1942 年 6 月 14 日

首相致枢密院长：

1. 依我看来，你的备忘录（关于修理破损房屋一事）并没有完全满足需求。如果我们能够花费一千五百万英镑或一千六百万英镑经费而获得十五万八千所可用新房，就能够更好地解决预计因美国大量人员涌入而造成的住房问题。从费用上看，金钱和劳力开支都很少。令我惊讶的是，很多事情你们都没有做。

2. 政府各部门返回伦敦一事也应重视。疏散的儿童中有多少人正在返回的路上？他们在伦敦不会再有危险，伦敦的防务要比乡间强得多。

1942 年 6 月 14 日

首相致海军大臣、第一海务大臣和伊斯梅将军：

我们有必要在 6 月的月夜再次以千架（轰炸机）发动空袭。空军海防总队有必要参加此次空袭，我必须明确要求你们遵从命令。

请告诉我，你们将如何做。

1942 年 6 月 15 日

首相致空军参谋长：

上周六，我在同哈里斯空军中将交谈之余欣然得知，他希望利用6 月的月夜，让《天方夜谭》① 再度上演。我希望你能赞同此事，除非你有强烈理由反对这么做。

与此同时，我已要求海军部保证，不会阻止空军海防总队参加此次行动。我清楚朱伯特已准备好二百五十架飞机，但也知道海军部阻止启用它们。

如果我能帮上忙，请告诉我。

1942 年 6 月 15 日

首相致伊斯梅将军，转参谋长委员会：

这一切都清楚表明，我们必须迅速着手制订缅甸计划。在我看来，或许可以要求联合情报参谋部制订出他们自己的计划，甚至可以与联合计划委员会进行商议，让他们了解行动的必要性。我曾经反复提到，蒋介石的垮台是我们当前不得不面临的最大危险之一。

1942 年 6 月 16 日

首相致飞机生产大臣：

我听说，在美国有人建议，可以通过在战斗机的机翼内增加辅助油箱，或将机翼用作油箱，以增加战斗机的航程。请在下周一将一份关于此项建议的报告呈交给我，说明其可行性以及我们这里的进展。

1942 年 6 月 27 日

---

① 《天方夜谭》，又名《一千零一夜》，此处指以千架轰炸机空袭德国一事。——译者注

1942 年 7 月

首相致海军大臣:

（抄送工程与计划大臣）

1. 近卫骑兵操场并不是为海军部所有，在修建占地面积如此之大的自行车棚以前，你应先征得内阁的批准。

2. 至于因你想保住建筑海军部堡垒而征用的建筑物，应请求工程与计划大臣准备一套方案；同时还要证明你的要求合理，并提交战时内阁讨论。

1942 年 7 月 6 日

首相致外交大臣:

（抄送莫顿少校）

如果布吕姆愿意撤走，我定当竭尽所能助其一臂之力。我希望，无论如何也要协助芒代尔，而且如果雷诺愿意的话，也同样要协助他。我认为我们应对这些人负责。

1942 年 7 月 6 日

首相致军事运输大臣:

确保在每次运输红十字会提供给苏联的物资时，将物资至少分装在六艘船上，并与红十字会接洽促成此事，同时注意不要将任何一件物品的组成部分分开。请在下一批运输船队出发之前向我汇报已采取了哪些措施。

1942 年 7 月 7 日

首相致军需大臣:

国王昨日告诉我，用于制作维多利亚十字勋章和其他勋章的丝线出现短缺。我无法相信连这样微小的需求都无法满足，而且我认为应当优先供应此类物品。请告诉我情况。

1942 年 7 月 8 日

首相致陆军大臣和军事运输大臣：

1. 据我所知，从本国运往他处的车辆已开始装箱，而且在 5 月间，七千五百一十七辆中有一千一百二十六辆（并非原来提出的一千四百五十三辆）已装箱完毕。我相信，装箱的数字将稳步上升；我也相信，你们定在竭尽全力改良包装方法，并想方设法将尚未运走的车辆装入板条箱。

2. 本来可以用这种方法包装的一千多辆车未能装箱，原因在于车辆一经抵达，便要立即投入作战。考虑到腾空船只装载极为重要的进口货物，只有在万分紧急的情况下，我才能接受这种说法。有超过八百五十辆的小型车辆并未装箱，因为我们被告诉，装箱节省不了多大船舶空间。但是，即使是节省一点点空间也是有帮助的。

3. 当我们想到将百分之十五的车辆装箱，每月可节省八万吨进口物资——相当于每月通过提高磨粉率、实行衣服和肥皂定量供应，以及取消基本汽油供应等所能节省物资量的总和，那在我国和美国彻底执行这项政策的重要性显而易见。

4. 我相信，你们两个部门在积极推进此事上定会携手合作。

1942 年 7 月 10 日

首相致空军参谋长：

重要的是，我们必须阻止敌军将班加西和托布鲁克用作供应港口。必须对这两处持续进行猛烈的大规模轰炸。

请告诉我，特德手头的可用兵力如何，以及他打算如何运用。我们应当知会他，我们对破坏这两处港口极为重视。

1942 年 7 月 11 日

首相致财政大臣：

恳请将下列情况告诉于我。英国士兵在各地的年薪与驻英的美国士兵的年薪有何区别？你应当把各种津贴都算在内，再报给我一个简单的总数。

如果美国方面为适应我方情况而减少美军薪饷，并将超出部分作为其在美国用于养老的储备金，那么，若把英军的薪饷（将津贴等考虑在内）提升至美军薪饷水平的一半，财政部将增加多少开支？

我对这里即将出现的麻烦，以及向你提出将薪资扯平的苛刻要求，都深感忧虑。在此阶段你无须为此事争辩，因为任何人都看得到这些不利条件。但请告诉我这些数字。可能这一数字确实会让人震惊。

1942 年 7 月 13 日

首相致粮食大臣：

由于你的家禽配给新计划影响到了乡村居民，我听到许多不满的言论。自古以来，母鸡饲养一直是乡村生活不可或缺的部分。城市居民可以通过买一餐饭来弥补配给不足。有何必要如此大幅度的缩减，让每人限养一只母鸡？无论如何，应当告诉内阁此事。

1942 年 7 月 16 日

首相致伊斯梅将军，转参谋长委员会：

在我同意将两个南非师改编为装甲部队之前，我要知晓坦克的状况。在战争时期，我们不应在英国装甲编队后方储存大批后备坦克。进攻已是不太可能的了，但我们可以及时积蓄这些后备力量，并在 1943 年发动进攻。这三百辆坦克可是意外之财，而且不派遣第十八号 P. Q. 运输船队以及可能在极昼期间停止向苏联供应物资的决定必定能让我们至少又拥有两百五十辆坦克。此外，坦克产量还在增加。我们在 1943 年应当会有大批坦克可用。因此我认为，我们没有理由不遵守承诺向两个南非师提供坦克。

首先，无论如何都得让我知晓，这两个师要改编成何种规模。是否依据新编制，由一个装甲旅和一个摩托化旅构成？在这种情况下，他们仅需两百辆坦克；如果按旧编制改编，那么就需要三百五十辆。我认为前一种改编是正确的，因为采取第一种改编方法，总共仅需四百辆坦克。

当前我们不能撤回南非师进行特殊训练,我承认这一点很有说服力;但是随着战争的进程以及其他增援的到达,在几个月内能让这一调动成为可能。因此,我希望承诺过的日期和计划保持不变。

1942 年 7 月 18 日

战局回顾——首相备忘录

1. 回顾整个战场并以真实比例展示其显著特征的时机已经到来。

2. 首先是德军及其军事机器的强大力量。因德军一直忙于对苏战争,我们已呈现出遗忘德国这一可怕的战争机器的倾向。当我们意识到,部分德国装甲师以及德国第九十轻型师能对我们在北非数量和资源上占优势的军队产生严重影响,我们就没有理由低估德军在 1943 年和 1944 年的实力。他们一直以来都能建立一道战线牵制苏军,并撤回五十或六十甚至更多个师开赴西线战场。此外,他们可以通过欧洲的主要铁路线迅速调兵。我们不能指望德军会在欧洲战场上溃败。如果纳粹政权倾覆,那么几乎可以肯定的是,权力会转移到德国陆军领袖的手中,他们绝不会接受英美认为的对未来世界安全必不可少的条件。

3. 第二项重要事实是海运吨位。我们只能通过大量消耗储备才能度过本年度。我们可以以内部摩擦和动荡为代价,通过"勒紧裤腰带"节约大概一百万吨的物资。我们应当谨慎权衡此举是否应该作为精神动员而进行。因为美国造船量惊人,所以没有理由假定我们无法度过本年度,也没有理由假定 1943 年的货物运输情况不会得到稳步改善。关于未来,我们必须当心,不能让我们的情况恶化到难以控制的地步。鉴于这一目标,我们现在必须在接下来的几周内,就我们在 1943 年和 1944 年间将得到新造船只的份额达成一项正式契约,实质上就是一项合约。直至美国参战,我们通过取得那些陆续被敌人征服的大陆国家的船舶支配权才得以弥补我们的损失。但是,我们已经不能指望再通过从这一资源获得意外收获了。我们只能通过充分利用我们的战争力量才能发展自己的造船业。我们无法大幅改变我们的最低进口需求。我们首先须保证这些进口需求所需吨位。因此,我们应该要

求美国在 1943 年间向我方调运足够吨位的船只，好让我们现有的商船船员上岗工作。因为让数量庞大、经验丰富的英国水手和官员因无船而赋闲，而让美国船员接受特殊训练是十分愚蠢的，因此，我们的愿望并不是毫无道理的。

4. 在不清楚 1943 年我们的处境会如何的情况下，我们决不能为了安然度过 1942 年，而消耗我们的储备物资，使其降至危险水平。在决定我们所需最小储备量时决不能马虎大意。因为我们的港口可能会因遭到猛烈轰炸在长时间内无法让物资流入，届时我们便会陷入某些食物短缺的窘境。我们应当指出，如果要对 1942 年和 1943 年总进口进一步削减，那就只能削减我们的军需品。英国和由英国支配的船只已有近四分之三主要用于战争，而仅有四分之一的船只用于向英国供应食物和日用品。

5. 战事取决于究竟是希特勒的潜艇先攻击盟军船只还是盟军空军得以扩充和使用，并率先取得全部战果，可能确实如此。但我们必须预料到，德国潜艇数量在增长，而且潜艇在向远洋扩展，其设计也在改善。这可能又需增加盟军反潜艇武器，并在技术层面改进反潜艇手段。此事本身就是一场战斗。

6. 另一方面，我们盟军是有空军力量的。在那些我们孤军奋战的日子里，我们回答了这一问题："你们将如何赢得这场战争？"我们的答案是："我们将用炸弹将德国炸得粉碎。"自那时起，苏军给德国陆军和人力造成了巨大损失，而且美国人力和军需品的接济也让其他战胜德国的方法成为可能。我们期待大举进攻欧洲大陆，也期待各国人民为反对希特勒暴政而全体起义。同样，抛弃我们原来的想法也是一种错误，也许应该提一下，这也是美国人的想法，即对德国进行猛烈而无情的空袭，并不断扩大规模，这不仅会削弱包括潜艇和飞机生产在内的战争力量，还会造成恶劣的生存环境，让大批德国人无法忍受。

7. 正是此时，我们才黯然地认识到，我们增加轰炸机的计划可悲地缩水了。海军的需求、中东和印度的需求、英国生产规模不足、美国人驾驶自己的飞机攻击敌人的愿望以及这些飞机不可避免地延迟参战，所有的一切都由轰炸机部队一力承担。到目前为止，他们阻碍了我们在本年度夏季和秋季实现我们的愿望。我们必须将以轰炸机进攻德国视作粉碎德国战争意志的特殊手段。在德国战争意志瓦解之前，这一手段仅次于可以在欧洲大陆进行的最大规模的军事行动。盟国应当从头再来，并加倍努力，在冬季以及冬季之后不断对德国展开精确度更高、航程更远的空袭。只有通过这种方式，我们才能创造对我们决定进行的主要军事行动有利的条件。我们必须预先安排，保证对德国进行不间断的轰炸，除非需要对军事行动提供支援而暂时中断。考虑到在飞机制造方面，盟军飞机已以二比一或三比一的数量远超轴心国，这些需求不应无法满足。

8. 虽然我们不同意扩充空防部队，而且必须继续对其进行合理的削减，但是如果我们认为英国不会再遭遇猛烈轰炸的话就太愚蠢了。目前，德国半数轰炸机都忙于轰炸苏联。若是转战西线战场，德国人可在接下来的几个月里聚集与我们数量相等的轰炸机。我们建立了一个精密绝妙的科学防御体系，这使我们有信心应对"闪电"袭击的再度上演。如果继续进行轰炸，那么我们对战德国的优势则不得不通过增加轰炸机数量以及投弹量来体现。

1942 年 7 月 21 日

首相致伊斯梅将军，转参谋长委员会：

任何机动车辆在运输时如不装箱，必须得到参谋长委员会的特殊授权。为方便起见，参谋长委员会可以将这一工作移交副参谋长委员会，或是选出一位副参谋长专门办理此事。

除了为登陆作战所准备的机动车辆外，所有机动运输工具均需装箱，这一点十分必要。节省空间比对本国人民的生活和食物实行诸多令人厌恶的限制要好得多。

我要求你们继续积极地对此事给予帮助。

1942 年 7 月 22 日

首相致爱德华·布里奇斯爵士：

可否请你将隶属于各部门及部门外设置的现有科学研究组织清晰地列出来，并将在各大军事部门及相关发明和研究的委员会任职的科学家人数报给我？

1942 年 7 月 25 日

首相致第一海务大臣：

我从未打算让反潜舰艇闲置在水塘里，只是想将现有大批新造反潜舰艇交到英国或美国的手中，做出这样的决定是基于对当时战术形势的估计，即大炮和其他配件必须得以解决。我们用"水塘"二字或许会令人不快。

请替我草拟一份电报发给罗斯福总统，以澄清此事。

我并未意识到设备短缺的情况。

1942 年 7 月 25 日

首相致伊斯梅将军，转参谋长委员会：

考虑到要进行"火炬"作战计划，"安纳吉姆"计划可能会因此受到影响。我认为我们不应驳回或是取缔"安纳吉姆"计划。请告诉我如何才能挽救这一情况，否则韦维尔将军的准备工作将会停滞。唯有最为强大的理由才能让韦维尔将军获得"铁甲舰"作战计划所需的登陆艇。请告诉我们理由是什么。

1942 年 7 月 26 日

首相致生产大臣、陆军大臣、帝国总参谋长、军需大臣和爱德华·布里奇斯爵士：

我们现在已经制造完成或即将完成约两万门二点四英寸的坦克和反坦克炮。有人建议在接下来的十二个月里，再制造两万门。这一武器已经过时，如果我们自己继续致力于大量生产此种武器，必定会受到严厉谴责。有人提议将这种武器广泛分配给步兵使用，以便每个营

都能知道它有抵御敌军坦克的能力，这一点我可以理解。但是，我们不应为此目的而制造两磅炮，因为除非是在最有利的条件下，否则它根本抵挡不住坦克。平射炮或"杰弗里斯"式反坦克步枪威力更大，而且更易于制造。即使是六磅炮也会马上落伍。鉴于以上所有情况，我们必须在本周国防（供应）委员会上复审二点四英寸炮的计划，会议时间为 7 月 30 日周四上午十一点三十分，由我主持。届时我们可能也会讨论坦克的供应情况，包括关于改进"丘吉尔"式坦克的进展情况。

1942 年 7 月 27 日

首相致陆军情报处处长：

　　我清楚我们现在在中东有六十一辆"格兰特"式坦克，但在近期执行的进攻之前，我们原本有九十一辆。在此前后，还有一批"格兰特"式坦克已运抵中东。那么，我们在战役中损失了多少辆坦克，总损失是多少？

1942 年 7 月 27 日

首相致生产大臣：

　　我不知道你是否觉察到燃烧弹的情况极为严重。燃烧弹极度短缺，因此皇家空军被迫在今后数月内缩小原计划的纵火袭击规模。

　　今年我们能否从美国获取足额的镁？你在 5 月 5 日的备忘录中告诉我，如果无法得到令人满意的保证，你将会提议将此事交由最高当局决定。

　　镁的替代品是否在全速研发？

　　请告诉我，在即将到来的秋冬两季，皇家空军有望得到什么补给？

1942 年 7 月 28 日

首相致海军大臣：

　　（抄送军事运输大臣）

　　美国最近公布的数据表明，我们在 7 月 12 日之后一周损失的船只数量为自战争爆发以来之最。对此，我深感遗憾。如果美国当局只是进行通报，而你们只是出于某种疏忽将数周之内的损失量当作一周的损失通告给了美国，我们才能够接受此事。这种做法自然无法体现海上战争的真实情况。

关于船只损失的情况如何公布一事，我们应当与美国共同制定政策。如果你尚未与美国当局取得联系，那么你就要采取行动，并向其提出这一问题，即是否任何数据都要公之于众，若是如此，要公布的数据应包含哪些？

请告诉我结果。

1942 年 7 月 29 日

1942 年 8 月

首相致罗斯福总统：

1. 我希望，您能提前让我看一下您关于 8 月 14 日大西洋宪章周年纪念日时发表的贺词。我们当时一起逐行斟酌过这一著名文件，因此未经深思熟虑，我不会对其进行过度解读，从而和我们当时的看法不一致。有人提议将其应用于亚洲和非洲，这需要多加考虑。战时情报局预测出的说法将会使当前印度防务极为窘迫。在中东的大多数阿拉伯人可能会声明要求将犹太人驱逐出巴勒斯坦，或是无论如何都不允许他们进一步移民。我强烈支持犹太复国主义政策，而且我也是此事的提出者之一。这仅是从新声明和第二次声明中产生的诸多难以预料的情况之一。

2. 在这值得铭记的一年中，只谈我们取得的进展，同盟国的扩大、苏联成功抗击德国侵略、美国在太平洋地区的胜利，以及我们联合空军实力的增长是否就已足够？最后，我们可以重申自己的原则，并指出在初期掺杂其中的不愉快得到圆满解决后，我们可以憧憬一个更加幸福的世界。我确信，你会像往常那般乐于助人并体谅我的难处。

1942 年 8 月 9 日

首相致第一海务大臣：

1. "谢尔曼"式坦克不能在 9 月 5 日以前到达让我深感失望。昨天一整天我检阅了装甲部队中四个出色的旅，他们只要获得这批武器便可成为非洲最势不可当的装甲部队。我对同时装备这几个旅以及对其加速训练一事给予了极大关注；但我并不知道除了在紧急关头，它们如何才能在 9 月第三周以前加入战斗。我曾一直指望"谢尔曼"式坦克能在 9 月 1 日抵达。这需要在海上航行四十五天。

2. 鉴于击败隆美尔极其重要，且这作为"火炬"计划的序幕，我恳求你再努力一番以弥补耽搁的这五天时间，这点时间也是十分有用的。请发一份电报告诉我船队当前的速度以及你能采取的方法。

3. 第五十一师有望在 8 月 31 日抵达。该师现在位于何处？能否按时抵达？

1942 年 8 月 9 日

首相致空军大臣和空军参谋长：

特德和科宁厄姆曾告诉过我，从这里运送一部分最新式战斗机，即使仅是一小部分，也具有重要意义，我对此印象颇深。科宁厄姆称，他本人可以让这批战斗机在沙漠中发挥其价值。事实上，这些飞机在空中总是会让敌军担心自己何时会遭到袭击，我们这些飞机的设计和质量在价值上与运送过去的数量完全不成比例。请建言献策。

1942 年 8 月 9 日

首相致伊斯梅将军和其他有关人员：

坦克命名

1. 如果我们开始称这些坦克为"谢尔曼 M3"坦克必定会引起混乱，因为德国的一流坦克也有类似的名字。以下几个特别的名字可以作为此类坦克的永久名字普遍使用："谢尔曼""格兰特""李""斯图尔特"。不必在名字前加上"将军"二字，以防与真正的将军产生混淆。

2. 请给我一份关于现存所有英美坦克的官方命名的名单，我们遇到

的德国坦克名单也同样给我一份。我之后会查看有什么需要修改的地方。

1942 年 8 月 28 日

首相致伊斯梅将军和爱德华·布里奇斯爵士：

供海军航空兵部队使用的战斗机

征用皇家空军的作战飞机来为海军进行大量储备是不恰当的。海军不仅总是想要赢得战争，还想手握王牌睡大觉。这一倾向必须坚决抵制。海军仅短缺极少量飞机，而且只是在后备方面，而其后备力量也已远远超过皇家空军的后备力量，甚至连其后备力量都还有后备力量。

国防委员会可能会在周一夜间举行会议，这可以作为会议议程的首要议题。我已请彻韦尔勋爵准备了一份文件，以供会上传阅。

1942 年 8 月 28 日

首相致伊斯梅将军，转参谋长委员会：

1. 应内阁请求，我于今早会见了土耳其大使，他交给我一份土耳其情况的说明，我对此十分关注。

2. 假定我们在 10 月中旬能取得西部沙漠之战的决定性胜利。我们现在应当准备好方案，向土耳其运送更多战争物资。我们还是有可能匀出二百辆"瓦伦丁"式或其他旧式坦克给土耳其的。而在埃及，我们可以用改良坦克来替换这些旧式坦克，目前这些改良坦克正定期运抵埃及。我们同样也应将三百门装有两磅炮弹的二点四英寸口径反坦克炮和一百门双管自动高射炮匀给土耳其。如果这些装备已做好了标记并准备运往土耳其，那么一旦我们与土耳其方面达成有利于我方的决定，便能将这些装备在 10 月底运到土耳其人的手中。在苏联可能失去黑海的制海权，而土耳其也可能遭到轴心国重压的情况下，此举可以使土耳其人的抵抗意志大为增强。

3. 关于赠送土耳其雷达设施有何反对意见？德国必定知道这一秘密，或者他们自己有同样精良的装备。

4. 我们必须在信任土耳其的基础上开展工作，这也是我本人采用的方法。如果土耳其被迫屈从于德国，那么整个尼罗河的局势便会变得十分窘迫。

5. 请就这些方针制定出一份方案给我，以便进行讨论。

1942 年 8 月 28 日

首相致飞机生产大臣：

我从你的《7 月份进度报告表》中看出，重型轰炸机产量大大落后于计划。1942 年 12 月，你曾承诺 7 月就能生产出两百六十七架重型轰炸机。7 月 1 日的计划中，又向我们承诺能生产两百二十九架。实际上，我们收到了一百七十九架——仅仅是去年 12 月计划的三分之二，7 月计划的五分之四。"斯特林"式飞机的大幅减产让我尤为关注，原计划生产七十九架，但只生产了四十四架。

请告诉我，你们将采取什么措施整顿这种情况。

1942 年 8 月 30 日

首相致陆军大臣：

1. 陆军对于报纸过度强调突击队而心怀怨恨也很正常。你部负责新闻的官员应向报纸指出，在袭击迪耶普时，加拿大军多个营的士兵也加入了战斗，报纸提到是"由突击队发起的袭击"，因而造成了恶劣影响。这对军队而言有失公允，对突击队也不公平。

2. 同时，我们必须清楚明白英王陛下政府的政策：以最大力量维持并发展突击队，并确保若有伤亡，会有优秀士兵填补空缺。当然也可以追溯一下当年赞成将突击队制度作为我军一部分的决定。我两年前的备忘录对此事有记载，如果你没有读过，那么现在可以看看。我不同意限制其作用或降低其重要性。请写一份报告给我。

1942 年 8 月 30 日

首相致殖民地事务大臣：

向巴哈马群岛发起袭击，唯一可行的方案便是由一队人乘潜艇上岸发起进攻，我的这种想法是否正确？如果确实要通过这种方法发起袭击，那么总督官邸似乎是明显的进攻目标。如果温莎公爵并不在那里或是搬走了的话，仅一艘潜艇并不利于发现温莎公爵的位置。按照正常规律，人总会伺机而动，而不会守株待兔。因此，我赞成在总督官邸和其周围架设电网，除了向亲王殿下禀告有危险外，不应干涉其行动自由。保护政府所在地免遭潜艇袭击部队的攻击十分重要，为此，应多派几个排的士兵前往。

1942 年 8 月 31 日

1942 年 9 月

首相致新闻大臣：

　　管理英国军官在海外领地进行广播有什么办法？比如像韦维尔将军在附件中曾提到的一篇广播摘要？在英国，非战时内阁阁员以这类题目作演说，在未知会我的情况下，是不能进行广播的，而且我也不会同意；在本国国土以外的广播可以放松管理。请你们负责同相关的人员协商，并保证一律禁止此类广播，当然由你批准的广播除外。最高级别的军官作广播的任何提议都应亲自交由我决定。

1942 年 9 月 2 日

首相致生产大臣：

　　飞机原定的生产指标已经进行了数次削减，但其现在的生产进度达不到削减后的指标。重型轰炸机产量缩水尤为严重。因为事先得知在特定的月份会有节假日，因此节假日不能作为减产的理由。

　　飞机生产部的产量并没有增加，此事很严重。你打算采取什么措施？

1942 年 9 月 2 日

首相致新闻大臣：

　　这封来自加拿大的电报称，《渥太华日报》上刊载了一则来自伦敦报纸的消息，大意是美国与维希政府之间的关系可能很快就会破裂。同时，还有另一种谣言，即英国民众越来越相信，英国在美国的帮助下定会将轴心国部队逐出北非。此事非常严重。应当要求达夫·库珀先生就此事进行报道。是哪些审查官员准许刊载这则消息的？在进行彻底而紧急的调查时，重要的是不要对此进行大量报道，因为这只会凸显走漏的消息十分重要。

同时，还应当询问他用"某些外交方面"这一表达有何意义。我认为此事十分紧急，也非常重要，而且确实是我向你提过的事件中最为严重的一件。

1942 年 9 月 4 日

首相致陆军大臣：

我从这些（医务委员会为霍巴特将军诊断的）报告中，看不出任何要免除这位军官的指挥权，也不让他指挥自己的师参加即将展开的战斗的理由。

霍巴特将军在军事及非军事领域均德高望重。他是一位有着杰出才华的人，他性格坚强，尽管不易相处，但是军中不再有他这样的人才实在让人惋惜。他受人攻击令我十分震惊。

我相信，当我决定把他由国民自卫军的伍长擢升为一个新装甲师的师长时，如果我改变主意，转而要求他负责坦克研发一事，并在军事参议院中给他一席之地，许多严重错误本来是可以避免的，而我们也不会因此受苦。陆军的最高统帅部并不是一个俱乐部。即使有些人能力出众，不受同僚欢迎，也不应当剥夺他们为国王效力的机会，这是我的责任，也是英王陛下政府的责任。

1942 年 9 月 4 日

首相致生产大臣：

我极其重视这一问题。我们已经造了两万门二点四英寸的反坦克炮。还要再制造一万一千门，准备发放给步兵使用。目前，这些炮的

名声遭到了诋毁，因而恢复信任乃是当务之急。而且唯一的办法就是成功研制出新弹药并分发下去。恳请你高度重视这一问题，并请将你认为能办到的事报告我。

1942 年 9 月 5 日

首相致枢密院长：

谢谢你的操劳。事实仍然是，首都自来水供应局对于一个认为战争不正当而拒绝服兵役的人，竟比一个自愿参加陆军的青年给予更好的待遇。这是全体英国人的一种耻辱，简直与战前那种促使我们国家名誉扫地并使世界蒙受灾难的同样不幸的情感不相上下。

1942 年 9 月 6 日

首相致第一海务大臣和空军参谋长：

此事（敌军一支护航船队由意大利开到北非）显然表明敌军已尽全力，他们甚至不惜牺牲大量海军和空军兵力。请你于今晚将采取的措施报告我。

1942 年 9 月 6 日

首相致枢密院长：

谢谢你不辞辛劳，但事实仍是首都自来水供应局给一个因道义或宗教原因拒服兵役者的待遇比自愿参加陆军的青年更好。这对每一位英国人来说都是一种耻辱，简直与战前我们那种痛苦的情绪不相上下，而正是这种情绪使得我国名誉扫地，也让世界因此蒙难。

你曾评论道"偷偷抢在同事前面"，若要让这句评论公正的话，需要作如下的扩充："在朝敌军进攻时偷偷抢在同事的前面。"

一旦起草完我的演说稿，我将致信首都自来水供应局，亲自出面解决这个问题，若得不到满意答复，我就将这封信件公诸于众。

1942 年 9 月 6 日

首相致空军参谋长：

　　哈里斯空军中将在几天前的一个晚上告诉我，派往中东的大批轰炸机的全体机务人员在移交飞机后并没有返回国内。

　　鉴于壮大国内轰炸机实力一事非常重要，请对此事展开调查，并草拟一份方案给特德。

1942 年 9 月 10 日

首相致穆尔海军上将：

　　1. 我希望你详细研究为期八天的清洗锅炉和修理时间问题。需要清洗和修理的驱逐舰有多少艘？每艘驱逐舰上有多少人员负责这项工作？所有驱逐舰上负责清洗锅炉的人员共多少人？此种特殊工作是否只有技术员才能胜任，还是能干的水手也可胜任？海军中有没有其他现成的锅炉清洗人员？譬如说，假设每艘驱逐舰需五十人从事锅炉清洗工作，需要清洗的驱逐舰共有二十艘，这就要一千人。当然，补给站和损坏船只整修处等地方可提供一千人，而且可以用专车将这些人送到港口，因此只要等驱逐舰一驶入港湾，疲惫的船员便可离船休息，而锅炉清洗工作就可以由专人进行。各驱逐舰需派出一小部分必需的工作人员，确保所有工作正确进行。这样安排就可以额外节省出三天休息时间，余下五天时间进行锅炉清洗。所以，两个八天的修理时间段就会节省六天时间。

　　2. 航行速度慢的运输船队走较近的航线可以节省三天时间，此事已得到一致认可。请每日都向我报告各条航线的船队的前进速度，并说明你们由于意外天气影响，总共要多长时间。我对这种能够走捷径以备不时之需的观点十分赞赏。

　　3. 我不相信我们无法从为期十天的装货时间中减去两天。这样一来，总共便能节省十一天时间，既能让 P. Q. 第十九号运输船队出航，也可以在 11 月 4 日执行"火炬"计划。之所以在 11 月 4 日执行该计划是因为 10 月 20 日出发的美国分遣舰队最早可以在 11 月 4 日到达。出于其他理由，确定的最终日期为 11 月 8 日，对此我十分满意，因为

这样我们就有四天的机动时间了。

　　　　　　　　　　　　　　　　　　1942 年 9 月 11 日

首相致生产大臣：

　　1. 国内预计坦克生产数量太少。即使到 1943 年第四季度，每月生产的坦克数量都达不到一千辆。请交给我一份有关同一时期我们有望从美国获得的物资表。我非常渴望在本国制造机车①，并节省船舶运输，但九百辆"半人马"式坦克的损失太严重了。

　　2. 或许你已按照制造机车的决定行动起来了。这样我当然也赞成，但是我也想知道数量。

　　　　　　　　　　　　　　　　　　1942 年 9 月 13 日

首相致空军大臣：

　　1. 我十分感谢你关于扩编轰炸机司令部的那份报告。看到你和空军参谋部在改善形势上付出了巨大努力，我很高兴。可否请你把你以中队为单位的扩编计划交给我？

　　2. 可否告诉我，（1）从 1942 年 5 月 1 日起，我们已有多少架轰炸机送往中东？（2）这些轰炸机的机组人员中有多少人返回？特德惯于让全部或几乎全部的机组人员进行飞机运送工作，然而这是不允许的。我曾想亲自发一封电报给他，但还是希望收到你的答复。

　　　　　　　　　　　　　　　　　　1942 年 9 月 13 日

首相致帝国总参谋长：

　　你会从其他文件中得知，亚历山大将军声称，由于近日的战役，执行"捷足"行动的日期将会推迟。另一方面，敌军实力因那次战役已大为削弱。如果"捷足"要推延到 10 月，那我们必须注意，不能让马耳他同时执行多项任务，也应让亚历山大将军知道，不能停止向马

----

①　用于执行"波莱罗"计划和"围歼"作战计划。

耳他供应汽油。

1942 年 9 月 13 日

首相致空军大臣和空军参谋长：

至本年底，国内的轰炸机司令部有必要由现有的三十二个作战中队增加到五十个中队，并具有充足的作战能力。扩编计划应当循序渐进地进行。美国的中队不应计算在内。请将你为完成这一首要军事目标而制订的最佳计划交给我。为此，你应当对以下各领域作一番周密检查，从以下来源获取轰炸机：

	中队
从空军海防总队	2
从空降师	1
由于限制对中东和印度的重型轰炸机分配	2
由于改进轰炸机司令部内部的实际工作	—
安排因而得到更多的作战机队	2
由飞机生产部现在答应增加的飞机	9
由飞机生产部作进一步的努力而增加的飞机	2
总计	18

如能更便捷地取得同样的结果，你当然应该改变上述分配。最终分配计划形成后，我会将其送给战时内阁讨论并批准。届时这将具有约束力，而且在上述限制和规定日期内，所有与之相冲突的要求都要放在这项计划后实行。

1942 年 9 月 17 日

首相致霍利斯准将：

如能从拥有最多"丘吉尔"式坦克的两到三个师处获得一份关于该坦克的报告，我将十分欣喜。

因为我只是想知道部队对这种坦克有何看法，所以不要让其他人知道此份报告是给我的。

1942 年 9 月 18 日

首相致霍利斯准将，转参谋长委员会和本土部队总司令：

1. 该营［国民自卫军伦敦郡第五十八（文官）营］十分优秀，共有一千二百九十人，部署在我们防御的正中心位置。而令人不安的是，他们仅有五百四十六支"斯登"式冲锋枪，除"海军部和陆军部私下提供的"的七十二支零点三英寸口径步枪和三百七十支零点三零三英寸口径步枪外，没有其他步枪。他们缺乏武器，而且武器与子弹混杂，令人深感担忧。

陆军部的一个连脱离伦敦军区司令部，且自行归附帝国总参谋长，又是为何？

2. 国民自卫军的这种例子使我十分好奇其余装备的情况。1940 年 7 月美国运给我们的八十余万支零点三英寸口径的步枪是怎样分配的？国民自卫军有多少支零点三零三英寸口径的步枪？有多少个营是配备了使用不同子弹的两种步枪？国民自卫军还有什么其他武器？国民自卫军中还有多少人是没有武器的？

1942 年 9 月 18 日

首相致空军参谋长：

你应向驻西非大臣说明这一观点，在派遣白种人从事保卫西非的飞机场的工作之前，我们有时间考虑西非大臣的回复。我不知道你已创建了一支八万人的私人武装部队，且正在为其寻找主顾。这支私人武装部队你必须至少缩减三万人。

1942 年 9 月 19 日

首相致新闻大臣（或总监）和霍利斯准将：

推测未来作战行动的内容不允许通过审查。任何存疑的电讯都应扣留，等新闻大臣亲自批准后才能放行。如果新闻大臣再次接见各报

社长，并让他们深刻意识到臆测未来作战行动的文章所具有的危险性，我会十分高兴。拒绝刊登这类文章应当是光荣的。你无须过于害怕此举会让那些已经流传开来的谣言得到证实。不管这些传言真假与否，传播谣言这种违法行为都是可憎的。

如果上文引述的那类文章已经刊载出来了，我的意见是按照保密法案或第十八号 B 字法案或是其他紧急处理法案，将发布文章的人予以逮捕，并将其长期完全隔离。请告诉我，我们有哪些权力。

请在周一将整件事情呈给战时内阁。

1942 年 9 月 19 日

首相致劳工大臣：

我得到消息称，第一批新兵是为皇家空军团挑选出来的。这种说法是真的吗？

1942 年 9 月 20 日

首相致空军大臣：

请按照所列日期将每次能派出参加作战的飞机数量告诉我，轻型轰炸机中队除外。

三百一十六架轰炸机的机组人员中仅有六组人员回国，此事确实极为不公。你在中东积压了大量人员，又在本国因人员骤减妨碍了自身的发展。请将 1941 年 9 月 1 日和 1942 年 9 月 1 日皇家空军在中东的中队、人员以及飞机方面的实力情况制表提交给我。

1942 年 9 月 20 日

首相致生产大臣：

我今天已看到国家支出特别委员会所写的有关坦克和大炮的报告。这纸诉状写得实在高明，谴责了陆军部和军需部的所有相关人员，也谴责了身为政府领袖的我以及整个组织。

到现在为止，仅有一份正式的答复被送至约翰·沃德洛-米尔恩爵士和他的委员会手中。我们必须准备一份更为详细且更为合理的答复，并在 9 月 29 日召开议会会议之前送到委员会手中。因此请你在下周三之前告诉我，你在这方面已经采取了什么措施、还预备怎样做，以及对于委员会的批评你将如何应付。也请你把答复委员会的资料交给我。他们让我注意到这种毫无效力以及不称职的混乱，的确是立了大功。自交到你们和军需部的手中算起，这个报告到现在已有两个多星期。

我必须将此事视为重中之重，这也需要你本人、陆军大臣和军需大臣立即采取行动，这样未来才会有安全保障。

1942 年 9 月 20 日

首相致粮食大臣：

关于禁止制作和出售冰淇淋问题

在得到有关节约运输和人力方面的确切信息之前，我无法判断禁止制作和出售这一美食是否值得。

我认为，在我国为数众多的美国军队有其自己的安排。他们相当嗜好冰淇淋，据说冰淇淋可以与酒一较高下。

在内阁有机会发表意见之前，不应采取措施禁止制作和出售冰淇淋。

1942 年 9 月 22 日

首相致陆军大臣和其他大臣：

卡车装箱的问题

8 月份装箱数字显示装箱状况已经得到改善，我对此感到十分高兴。而且我看到，大多数所谓的"非专用"陆军部车辆正在装箱。我相信，你们将竭尽全力，尽可能将"专用"车辆、小汽车和皇家空军车辆装箱运输，并改进现有的装箱方法。

1942 年 9 月 23 日

首相致劳工大臣：

因皇家空军团的士兵是围着飞机场执行固定任务的，所以空军部选拔最优秀的人才拨给皇家空军团确实不对。如果他们有权从（在任何地点、任何条件下战斗的）野战军中抽调这些人，那就更不对了。

皇家空军团的人数不少于八万，我计划对其进行一番彻查。我要求至少应从中拨三万人加入陆军。

1942 年 9 月 23 日

首相致枢密院长和燃料与动力大臣：

我明白，现在要再次考虑从陆军中调回更多的矿工问题。目前我们不能分散陆军，而且我相信，我们会努力找到其他各种增加产量的方法。

把矿工调往效率较高的矿坑一事有何进展？我们在 5 月间听说，只需调动少量人手便可以大幅提升产量。

为增加采煤业对青少年的吸引力，以及阻止中年人从该行业中流失，你们已经采取了哪些措施？

我们的工资政策对于增加产量是否有效？

发展露天煤矿采掘工作有何进展？最近报纸上对此议论纷纷。

为削减工业煤配额，你与各消费部门做了何种安排？

我希望，通过大力推进这些措施，我们有可能弥补现在仍存在的煤炭供需差距。

1942 年 9 月 24 日

首相致劳工大臣：

我饶有兴趣地阅读了你的备忘录，备忘录描述了截至 6 月份的过去的一年中，我们在人力方面取得了哪些成就。

我了解到，你已征召近百万男女入伍参军，军队绝大部分需要因此得到了满足，而且同时也在军需工业方面增加了八十万劳动力。

你的功绩如此卓著，为此我向你表示祝贺。

1942 年 9 月 24 日

首相致爱德华·布里奇斯爵士：

请发出以下通知：

"各大臣应当谨慎，不要随便与外国大使谈论公事。如果这种情况已经发生，应将走漏的消息报告外交大臣。否则，外交大臣在同外交使节的正式会晤中可能会碰到与己方观点不同的说法。"

1942 年 9 月 25 日

首相致伊斯梅将军：

请就英国国内突击队实力和招募进程写一份报告交给我。突击队是否招募到优秀人才，人数是否充足？

1942 年 9 月 25 日

首相致空军参谋长：

在"火炬"作战计划进行的某个时刻或在其前期准备阶段，可能有必要以猛烈的直接轰炸来威吓维希政权。假如有必要，请告诉我我们在 11 月份能做些什么。

1942 年 9 月 25 日

首相致海军大臣和第一海务大臣：

我相信，不仅"声威"号需参与"火炬"作战计划，还要派遣一艘"英王乔治五世"级战列舰参加。我们的实力更胜一筹，极有必要以此来威慑敌人，尤其是要震慑法国维希政权。因为有三艘"英王乔治五世"级战列舰停泊在斯卡帕湾，所以你们的实力是充足的。

1942 年 9 月 25 日

首相致伊斯梅将军，转参谋长委员会和生产大臣：

在我看来，我们似乎应当拥有三四英里长的活动码头装备（在平坦的海滩上使用）。当然，在许多地方可以将其分成几小段使用。请不要轻易放弃使用这种码头。但是我们必须要清楚，什么才是我们应该

放弃的。

1942 年 9 月 25 日

首相致枢密院长：

　　在国内设法节约燃料或劳动力时，我希望你记住，这些措施可能会对职工的效率起到反作用。例如，公共汽车减少意味着职工要走更长的路，因此到达办事处或工厂时，他们就已经疲乏了。商人当然也可以自己收拾房间，但这样就会在一件重要工作或是其他诸如此类的事情上迟到一小时。我不愿因循守旧，但是我希望你能记住这一点。

1942 年 9 月 26 日

首相致掌玺大臣：

　　关于公布飞机损失一事，最好能听听轰炸机司令部总司令的看法。在内阁做决定以前，我们必须知道轰炸机司令部总司令的意见。我个人认为，告诉敌人这种信息是极其愚蠢的做法，而且不说明参与袭击的飞机数量却公布损失的飞机数量，很容易误导他人，让人产生不必要的悲痛感。我向下议院解释此事时应该不会有问题。

1942 年 9 月 26 日

首相致杰弗里·劳埃德先生：

　　设法驱散飞机场上的雾以便让飞机平安降落一事极为重要。为此，进行全面实验的事宜应交由石油作战局负责，并全速进行。我们应给予他们一切支援。

1942 年 9 月 26 日

首相致海军大臣和第一海务大臣：

　　有关从"拉科尼亚"号和另一艘船上救回六百五十名生还者的报告表明，一场极其惨烈的悲剧已经发生。据目前所知，获救者中意大利俘虏占多大比例，英国人员占多大比例？船上本来有三千人左右，因而必定有两千余人丧生。

1942 年 9 月 27 日

首相致陆军大臣和帝国总参谋长：

　　1. 我并不打算将百分之九十的坦克储备分配给某些装甲师，而让其他部队没有坦克可用。在陆军扩充装甲力量时，应当为他们优先配备基础武器，而这也是我们现在正在做的工作。只有在这些需求得到满足之后，后备力量才能增加。当然，必须为与敌军交战的部队提供较大份额的备用坦克。

　　2. 在中东，所有的"谢尔曼"式坦克应部署在前线，而"格兰特"式则用作后备。在个别战场几支部队大量使用的是同一型号的坦克，在这种情况下，设立一个总储备要比分派一定数量的后备给每支部队要好些。这种办法在本国尤其适用，因为我们在国内的"丘吉尔"式、"十字军战士"式和"瓦伦丁"式坦克数量颇多。而在这样的小岛上，所有部队距离坦克工厂都很近，所需的后备数量比起中东或印度部队来说可能要少得多。我们不能一边闲置坦克，而让另一边没有坦克用。

　　3. 如能收到一份关于国内和国外所有装甲部队的报告，我将十分高兴。该报告应说明哪些部队已经改编完毕，哪些部队正在改编过程中，其基础装备如何，已得到坦克的实际数量，在部队中应用的有多少坦克以及编入后备的又有多少。

1942 年 9 月 28 日

首相致海军大臣和第一海务大臣：

　　请考虑如何将 P. Q. 第十九号运输船队的船只造成的假象进行最佳利用，让敌人相信我们打算再派遣一批运输船队。如果此举能诱使德国人今年冬天将他们的潜艇、飞机和水面舰只留在北方，无所事事，这对我们极其有利，而且对于"火炬"作战计划也确实是一种帮助。因此，我们应采取所有可行措施，营造我们会在 10 月派出船队的假象。

1942 年 9 月 28 日

首相致空军参谋长：

所有迹象表明，敌人现在越来越依赖托布鲁克港口，而较少依靠班加西。尽管英美两国在埃及的全部空军兵力距托布鲁克非常近，却不能摧毁该港口的工事，这着实让我感到奇怪。

1942 年 9 月 28 日

首相致空军参谋长：

我们交给伊瓦特先生的三支"喷火"式空军中队出了什么事情？他们是否已经加入战斗？

1942 年 9 月 29 日

首相致伊斯梅将军，转参谋长委员会：

截至目前，调查显示，击落一架敌军飞机，地面炮火所耗费工时比空中战斗机所耗费的工时要多得多。真实情况是，我们当前的无线电操纵方法有受到干扰的危险，因此在今冬削减我们的高射炮数量，可能不是明智之举。我们希望明年克服这些危险，而且明年我们应当有更多的战斗机可供使用，届时我们可能会更多地依靠飞机。当然，对虽然小却很重要的目标进行防御时，高射炮一直很有用处，也确实是必需的，但是鉴于人力紧张的情况逐渐显现出来，应该探索一下是否有可能在 1943 年进一步削减防空司令部的编制。

1942 年 9 月 30 日

首相致帝国总参谋长和空军参谋长：

我在内瑟腊万视察空降师时看到"怀特利"式飞机，据称该型机不适于牵引滑翔机。因此，空降师的指挥官实际上并没有这种用途的飞机。

请告诉我，此事如何解决。

1942 年 9 月 30 日

1942 年 10 月

首相致外交大臣：

关于你的"叶兰"① 备忘录：

1. 请就其实际用途给我写一则简短说明，并就其在"火炬"作战计划期间的应用制订恰当方案。我的看法是，总统会给我们一些录音带，我们可以在艾森豪威尔将军认为合适的时候播送。此外，一旦此事开端良好，我将随形势需要，用法语或英语尝试对法国作广播。

2. 请将我向总统要求额外真空管的电稿拟好送来。

1942 年 10 月 2 日

首相致伊斯梅将军，转参谋长委员会：

1. 为配合"火炬"作战计划，我设想以大规模空军转移德国空军的注意力并将其牵制于法国海岸，这个计划已经在制订当中了，对否？

2. 英国分舰队可能会与从土伦出击的维希舰队交战，若是在这些分舰队中加入一定数量的美国舰只，其力量不一定强大，但得悬挂美国国旗，是不是好些？

3. 报纸上有传闻说法国正派遣潜艇前往达喀尔，此事是否属实？

1942 年 10 月 2 日

首相致帝国总参谋长：

这份文件并没有告诉我多少关于德国坦克的信息。请就每种型号坦克的重量和速度，以及发射用的炮弹重量给我写一份报告，并将与之名字相近的英国坦克的名字也写在报告里。

1942 年 10 月 4 日

---

① "叶兰"是一种专门的无线电台，用于向被敌军占领的国家广播信息。

首相致伊斯梅将军，转参谋长委员会：

1. 我当然十分赞成在中东建立一支两栖作战部队。我们用突击舰送出的三支突击队已逐步耗尽，我们优秀的海军陆战队也并未得到很好的利用，对此我深表遗憾。我一贯认为，两栖部队无论是攻击岛屿还是攻击敌军阵地后方，都应该在战役中起重要作用。既然我们已经看到了更为广阔的前景，他们似乎就更有必要如此行动了。

2. 我唯一担心的是，韦维尔的阿恰布计划等进展如何？如果我们能在不致使韦维尔无能为力的情况下，设法集中海军基地机动保卫队，那么这一工作将会进行得极为出色。或许你应写一份报告给我。

1942 年 10 月 7 日

首相致陆军大臣和空军大臣：

1. 无论何时，一旦我方陆军站稳脚跟并向敌军发起攻击，皇家空军就应当遵照西部沙漠已被证明卓有成效的组织和工作制度。这种制度的特征是整支空军由一位空军总司令指挥，关于其同陆军总司令的关系，已经写在我于 1941 年 10 月 7 日下发命令中的第四和第五段中。在我们研究以英国为基地的皇家空军在大陆作战行动中所发挥的作用时，必须以这一事实作为出发点。简要说来，我愿看到西部沙漠的制度应用于法国。在我从北方回来时，你们应准备好这一文件，且文件已获得一致通过。

2. 我们必须在法国取得这一成果，通过回顾该成果我们就能决定如何才能巧妙地度过棘手的第二阶段，该阶段还包括春季渡过海峡作战。最后，我们可以看到，在准备训练阶段应当如何安排才能保持三个阶段连贯进行，中间不会出现脱节。

3. 同时，为了不导致耽搁，且不破坏任何最后决定，应按照帝国总参谋长和空军参谋长一致同意的做法，协同陆军作战司令部开始组建十二个空军中队，以支援陆军作战。

1942 年 10 月 7 日

首相致爱德华·布里奇斯爵士：

以下信息仅供你个人参考，我按照下列三个条件来评价一个人是否有资格对有关战争的任何问题发表有益意见：

第一，胆量与才干；第二，实战经验；第三，对和平时期参谋知识的研究与例行升职情况。

1942 年 10 月 8 日

首相致外交大臣：

依我之见，此事不应如此处理。我印象中，土耳其人看重的是友谊、慷慨、实力和物资方面给他们留下的印象。我从来没打算将这种赠予同任何有关铬的谈判混为一谈。显然，他们在关于铬的问题上遇到了严重困难。我国大使谈到趁机"戳中土耳其的痛处"的时候，他完全误解了我们这一姿态。我煞费苦心才得到了这些坦克和其他武器。我想要的是土耳其人，而不是你们的铬。我特别要求这两种观点应保持相对独立。

对于此事我非常遗憾。请你一定要看看，你是否能站在正确的立场上理解该问题。我们主动提出要送给伊诺努这种很难买到的礼物，而得到的反应却是他"颇为不安"。我想向伊诺努发一封电报，内容如下：

"在我看来，我国大使在 10 月 1 日向你报告过的英国赠予土耳其的武器是友谊和理解的象征，这与我们两国政府间谈判的其他任何事项无关。"

1942 年 10 月 8 日

首相致海军大臣和第一海务大臣：

得知德国的快速鱼雷艇重占上风，而且还通过布设水雷对东海岸的航运造成了严重威胁，我对此深感不安。在我印象中你已克服鱼雷艇的威胁。请写一份报告给我，说明情况并写明你将采取的对策。我们不能放任自己在鱼雷艇之战中被打败。

1942 年 10 月 8 日

首相致空军大臣和劳工大臣：

1. 我绝不同意让二十五岁以下的人在这些有高度局限性的岗位上工作。现在不应再征募更多人（加入皇家空军团）。至于那些已经加入该团的士兵，我不确定他们的服役期限究竟有多长。我们是否有权力将其调至陆军部队？派遣事宜应当逐步施行，以免破坏编制。用四个月时间料理此事也不为过。

2. 二十五岁以下者的补充人选当然要从征募来的年岁较大的人中选拔，以维持其规定实力。如果其全部实力从七万九千人酌量削减至比如说七万人，那我就心满意足了。

3. 称呼之前从未飞行过、之后也不准备飞行的地面部队军官为空军少尉、空军上尉等，这岂不是滑天下之大稽？过去未飞行过，现在也不飞行的军官就不应该称为空军少尉。事实上从不脱离地面勤务工作的绝大多数人，在以皇家空军飞行员自居时均会感到心虚。而让我奇怪的是，如此增加沽名钓誉的人，飞行员们却对此见怪不怪。

1942 年 10 月 8 日

首相致外交大臣：

我认为，目前用无线电话随意与美国或苏联通话并不安全。我同意对苏联线路做好技术安排。无论如何，不应准许级别低的人员使用无线电话与美苏通话，除非事先已得到邮政大臣的书面许可，而邮政大臣也要确认，用电话进行联络的人员已充分意识到这种通信手段本身具有的危险性。没有理由在能够用电报的时候而不用电报。但可以给予一定数量的高级人员一般许可证。

在我们进行下一步动作前，请将这项计划报告给我。

1942 年 10 月 12 日

首相致空军大臣和空军参谋长：

中东空军增援一事的确十分糟糕，而且我们必须将其视作空军部署方面一次令人惋惜的失利。在埃及迫切需要飞机的时候，塔科拉迪却集中了九十八架"旋风"式战斗机、六十一架"勇士"式战斗机、三十六架"喷火"式战斗机以及三十七架"小鹰"式战斗机,这根本无法解释其合理性。

我强烈要求立即采取补救办法。

1942 年 10 月 14 日

首相致外交大臣:

请考虑以下事宜:

应按以下方法和规定时间应对马达加斯加的局势。我们不反对在下周四左右告诉德让,也愿意看到勒让蒂约姆作为戴高乐的代理人以及自由法国的代表担任马达加斯加总督。我们并不希望在马达加斯加遇到不必要的麻烦,最好的开端就是在那里散布勒让蒂约姆担任总督的报道,并表示英国对此也极为赞同。如果一切进展顺利,稍后便可让勒让蒂约姆就任总督,并在最初先不设立新行政机构。一旦他走马上任,我们便把权力交给他,如此便可尽量减少必要的法国行政人员辞职比例。在我们的同意下,戴高乐会宣布他已任命勒让蒂约姆出任总督,或许在 11 月中旬可办理此事。

我们应向戴高乐说清楚,勒让蒂约姆是我们中意的人选,而且我们不能让我们不信任而且不喜欢的人就任总督。

1942 年 10 月 14 日

首相致陆军大臣:

我想,因为洛瓦特侦察队的由来、传统和组织,而将其并入现有的突击队,以代替在 1940 年派往中东,后来在那里解散的三支突击队,这样可能会格外有利。请向我提出建议。当然,我们要同联合作战部司令官商讨此事,不过我还尚未向他提及此事。

1942 年 10 月 14 日

首相致第一海务大臣：

参见哈伍德海军上将关于亚历山大港内法国舰队情况的电报。因为要开展"捷足"作战计划和"火炬"作战计划，我们希望能把这些舰队争取到我们这边。兵力占优是最有力的说服理由。请考虑在"火炬"作战计划开始的前几天或时机最合适的时候，紧急派遣"厌战"号或"英勇"号从基林迪尼开赴亚历山大港。哈伍德可能会从其为数不多的储备物资中派遣几艘驱逐舰前往红海，如果可能就在亚丁湾迎接这艘军舰。这艘快速军舰有自我保护能力可以自行前往亚丁湾。目前正处于危急关头，我不想让军舰闲置。照我的想法，所有舰队都应出动，也包括航空母舰在内。这一舰队一出现在亚历山大港，所有关于克里特岛和意大利的想法便会骤然出现，这将有助于"火炬"作战计划的实施。哈伍德拥有几艘驱逐舰？它们能航行到多远的地方？

1942 年 10 月 15 日

首相致陆军大臣：

一位在爱尔兰皇家空军部队服役的军官向我报告说，我们从未邀请美国军官与英国陆军军官或皇家空军军官在同一个食堂用餐，而且大致而言，美国人是自享其食。这反映了我们严重缺乏团结精神和基本礼节。

请提交一份报告给我。

1942 年 10 月 15 日

1942 年 11 月

首相致联合作战部司令官和雅各布准将：

在登陆艇的人员配备上，我们必须小心谨慎，不要小题大做。毫无疑问，我们必须要有技术熟练人员，来操纵这些登陆艇并保持其引擎正常运转。然而，由于我们只在一场特殊的作战行动中需要他们，而且如果一切进展顺利，仅在行动的初期阶段会用到他们，因此无须像一支舰队或分遣队那般去维系。如果我们已经判定登陆作战的时机

来临，那么海军和陆军都必须为为期一个月或三周的行动专门准备人员。占用大量人员无限期地等待大规模横渡海峡作战的机会，我们可承担不起这个代价。首先，我们要有登陆艇，同时还要制订计划，将其纳入框架准备之中，时机愈近，就能发挥出愈强的实力。如果你想做到完美无缺，反而会毁了整件事情。

1942 年 11 月 1 日

首相致海军大臣：

1. 请按潜艇的类型，将 1943 年 12 月 31 日前投入使用的潜艇列表交给我，并将那些目前已在役而无名称的潜艇也列入表内。

2. 我坚信，应当给这些潜艇命名，无论什么名字都好，而我自己也会给出一些建议，以抛砖引玉。

1942 年 11 月 5 日

首相致伊斯梅将军，转参谋长委员会：

1. 在我请求下，彻韦尔勋爵将一份（关于滑翔机的拖引机）备忘录提交给我，我为此感到不安。你也许还记得，掌玺大臣最近曾提过滑翔机制造过多的问题。如你所知，我认为在士气低落时，这些滑翔机可以发挥出它们的作用；但我担心的是，储藏这些木制滑翔机会有困难，而且会严重抵消轰炸机的攻势。这完全是一个权衡轻重缓急的问题。

2. 我确信，我们需要检查滑翔机的制造计划。在这危急关头，我不愿参谋长们为此事过分烦扰。能让副参谋长负责做一次特别检查更好。而对于这种检查，举行会议当然不应超过两次。他们的报告会给我们一些事情做。如果我们任由大量滑翔机经受风吹雨打而朽坏，那就太愚蠢了。我觉得现在应当缩减"霍萨"计划。

1942 年 11 月 12 日

首相致参谋长委员会：

1. 我们不能放弃从东方到马耳他的运输责任。如果船队于 15 日

起航，为保护其免遭意大利舰队的水面攻击，你们做了什么安排？该船队驶近马耳他时是夜间还是白天？有何保护措施可以抵挡来自克里特的轰炸机，直至其到达马耳他的空军保护伞之下？这个时候不能放弃四艘快速重载船只。船队到达德尔纳时，德尔纳的飞机场是否可以使用？如果不能，我们应该多等几天直到机场能够使用。昔兰尼加现在的形势非常好，已经无须采取殊死搏斗、孤注一掷的冒险行动了。哈伍德海军上将应当将他的计划提交给我，精确说明白昼和夜间航线以及他将如何完成计划。

2. 戈特勋爵应在突尼斯派空军介入，此事当然至关重要。但我认为我们不应简单地将耗尽汽油的责任推给他。关于他应掌握的汽油量，参谋长们有何看法？

3. 似乎一切都应从德尔纳飞机场被我方实际占领时算起。

1942 年 11 月 12 日

首相致伊斯梅将军：

我于上星期见到了"杰弗里斯"式步枪，看上去是一种威力强劲的武器，能让步兵应对坦克攻击。

已经预订了多少支这种步枪？什么时候能交货？计划如何分配？我希望能尽快配备给中东和印度一部分。

请提交一份报告给我。

1942 年 11 月 13 日

首相致陆军大臣：

我于昨日视察第五十三师时，听闻军事参议院已于三天前下达了一项指示，要求立即摘下团一级发的肩章，这让我十分诧异。指挥该师的师长和本土部队总司令对此均向我表示惊异与遗憾。毫无疑问，此事极不得人心，且容易破坏各团的集体精神，而所有名副其实的军队都是基于这种集体精神而建立的。我还被告诉，军事参议院的这一指示还附有不准议论此事的通知。此事的负责人是谁？

在没有造成巨大危害之前，我希望你能下令撤销这项指示。

1942 年 11 月 21 日

首相致粮食大臣：

　　我们正强制施行一整套（禁止交换配给食品）条例，令人生厌，我希望此事并非事实。个人不能将自己的配给品赠予或交换给另一个他认为比自己更需要的人，这完全不合情理也不符合逻辑。这种规定损害了睦邻友好和友谊精神。看到你所从事的伟大工作被糟蹋，而原因就在于你放任那些一味扩大职能且扩充人员的官员将你引入了歧途，对此我深感遗憾。

　　除非你能消除我的疑虑，否则此事必须要在下周提交内阁会议。

1942 年 11 月 21 日

首相致帝国总参谋长：

　　鉴于重新武装西北非的法国人可能对我们有利，我们能否将一些七十五毫米口径的大炮和炮弹送往西北非？我们的军队现在几乎已完全将这些炮换下，换上了我们自己的装备。而这批被我军换下的大炮将深受法国人的欢迎。如果艾森豪威尔将军同意，或许很快我们就能将二十个炮兵中队的大炮送到法国。

1942 年 11 月 23 日

首相致帝国总参谋长：

　　我们是否过分着急将沙漠集团军遣散？如果澳大利亚第九师和新西兰第二师离开，现在又有两个南非师要离开，这样仅剩下七拼八凑的队伍，有哪支队伍会留下呢？依我之见，我们必须全盘考虑今后六个月的局势。请提交一份报告给我，我深感不安。

1942 年 11 月 25 日

首相致军事运输大臣：

请向你部所有对"火炬"作战计划成功有所贡献的人员，转达我热烈的祝贺与谢意，他们在如此庞大的运输船队的准备和航行工作中发挥了作用。这在很大程度上应当归功于其技能卓越、勤勉有加而且谨言慎行，他们应当分享这一伟大卓越的荣誉。

1942 年 11 月 28 日

1942 年 12 月

首相致帝国总参谋长：

1. 第十集团军需要执行的任务取决于苏军在高加索的防御情况。自我们于 8 月份组建该军以来，已经发生许多有利变化，而且可能在年底前，所有波斯与伊拉克的危险将慢慢转移到西面。

2. 对土耳其的政策可能要求我们派第十集团军的大部分兵力去援助他们。鉴于同盟国在土耳其的南面和北面均已取胜，土耳其无须再有给德国人留条后路的想法了。

3. 你可否给我提交一份报告，说明你如何能够调动第十集团军的四到六个师向西前往叙利亚和土耳其？部队能否在叙利亚得到给养？或者说能得到供应的有多少人？如果想用铁路将他们运至土耳其，其速度如何？请拟订一份计划，以 5 月 1 日为预定日期，届时将有六个师开往土耳其西部。在此计划中，无须太过注意细节。

1942 年 12 月 1 日

首相致贸易大臣：

我已被告知，全体陆军被勒令摘下他们团的肩章，此事会严重损害集体精神。因为许多士兵是自己买的，因此士兵极为苦恼。据陆军部称，贸易部通知他们：用来制作这些肩章的物资和劳工数量（其中绝大多数是早已制成的）超出了我们在当前紧急情况下所能承受的范围。

你可否确切地告诉我问题何在？你必须考虑到，一大部分的肩章是可以由各团和地方自行安排制作的。在我看来，这仅是陆军服装极

小的一部分。请准确告诉我，贸易部向陆军部说了什么，让他们采取
了这一措施。

1942 年 12 月 4 日

首相致伊斯梅将军，转参谋长委员会：

这封（关于从迪耶普一役中得到有关登陆舰艇方面的教训）电报
中谈到了关于先头部队进攻所需的登陆舰艇，其见解自然是正确的。
但是，如果我们打算将这些高标准的条件应用于所有跨海作战的话，
那么唯一的结果便是这类性质的战役完全无法进行。有一句谚语"求
全反而无益"说的就是这个道理，也可以用简短的字眼"弄巧成拙"
来形容。

1942 年 12 月 6 日

首相致第一海务大臣：

1. 从所附的电报看，显然，哈伍德海军上将要用"猎户座"号和
七艘驱逐舰护送空商船从马耳他回到亚历山大港，护航舰随后返回马
耳他。但是在这一周内还会发生其他事情，因为马耳他海面部队（K
舰队）恰好在这周必须攻打轴心国部队在突尼斯的交通线。如果拖延
一周或十天再攻打交通线则会太迟，会后患无穷，也会危及整场战役。

2. 坎宁安海军上将也会在这一周用巡洋舰和驱逐舰不顾一切危险
攻打敌人的舰队。在这场战役中，这些战舰还从来没能发挥过如此巨
大的威力，有效阻止敌军增援。今后十天，海军的首要任务便是阻止
敌人增援突尼斯。纵使付出惨重代价，也应执行这一任务。

1942 年 12 月 6 日

首相致伊斯梅将军，转参谋长委员会：

1. 我十分重视针对这些设想（关于"哈巴谷书"①）展开的即刻

———————————

① 关于用人造冰山供大西洋中的飞机起落的建议。

审查。为审核这种设想，应给予联合作战部司令一切便利。他将会每周向我报告组织的建立和前期工作。

2. 我当然对长五千英尺、宽两千英尺、厚一百英尺的菱形冰块的物理性质一无所知，也不清楚它是如何抵抗特殊压力的，更不知道体积如此庞大的一座冰山在大西洋恶劣的气候中将会发生什么问题，更不知道它在不同季节、不同海域中融化的速度如何。但拥有一座或几座冰山浮岛将会给我们带来巨大的优势，即使仅用作飞机加油站，这种优势也无须争辩。在我们当前正在考虑的任何战争计划中，找个地方安置这样的"垫脚石"并不难。

3. 唯有让大自然为我们做近乎所有的工作，且我们能像使用自己的物资一般利用海水和低温，这一计划才有成功的可能。如果该计划需要我们将大量人员以及大量钢铁或混凝土在极夜运往隐蔽的地方，那么这一计划根本无法实行。

4. 与以下步骤类似的方法浮现在我脑海中。极北冰原地带的冰层厚度虽达六七英尺，但破冰船可以抵达。然后将一块冰山的表面凿成冰船形状；在露天冰台不同的位置安放数量合适的抽水机；向船不断喷射海水，以增加其厚度与表面的光滑度。随着这一过程的进行，冰山会进一步下沉。每逢工作进行到中间阶段，便放一层纵横交织的钢缆，以便加快冰山下沉的速度并加固冰山。冰山重量和入水深度的增加有助于将其从四周的露天冰台分离出来。冰川下部的入水深度看上去最少可以达到 100 英尺。燃料仓库和动力设备可以在适当阶段完成。同时在某处陆地上兴建临时兵站等。当冰山开始南移时，它就可以离开大块浮冰，这样船只就能驶到旁边，将包括大量高射炮在内的一切装备放置在冰山上。

1942 年 12 月 7 日

首相致飞机生产大臣（斯塔福德·克里普斯爵士）：

我已仔细地考虑过你 11 月 30 日关于指挥反潜战的备忘录内容。

你建议让一位高级海军军官在第一海务大臣的指挥下，独自负责

这些战役，我认为这一方案不妥。海战是一个整体。历经多年思考和实践，我们已经对海军部和海军参谋部进行了精心组织与整顿，以便统一指挥海战。我敢肯定，如果尝试抽出海战的某一特定方面，并为这种目的进行单独指挥，此举必将引发无数的摩擦和混乱。

反潜战涉及海面舰队、海岸指挥部以及海军部近乎所有部门。你建议的这一组织形式，将直接越过现有安排，并扰乱所有职责。海军部内部权限势必要重新划定，而在此事上，争吵必将继续。非常时期实行局部独裁总是十分诱人，但也因此非常容易让整个组织从内部分裂。在试图适当强调反潜战的过程中，你可能会发现你反而会扰乱快速运作的海军部，而海军的有力防御主要得益于海军部。

至于大西洋上的困难，在我看来，美国人和加拿大人对于你推荐的像萨默维尔海军上将这样的军官的关注，并不会多于他们现在对达德利·庞德爵士的关注。诚然，我认为这必会有损我们的影响力。

我们当然必须一直认真监督海军部的工作、海空部队之间的联络效率以及在人事、方法和计划等各方面根据形势所需的变动。有鉴于此，我组织了反潜委员会，该委员会可对这些问题进行讨论，且任一部门不能单独采取的行动也可由该委员会执行。

1942 年 12 月 12 日

首相致外交大臣：

若能不费太多力气就能让奥地利加入，当然是一件好事。我对奥地利极感兴趣，也希望维也纳可以成为多瑙河大联邦的首都。1938 年欧洲各国确实懦弱地让奥地利听天由命，而没有施加援手。将奥地利人和南部日耳曼人从普鲁士人中分离出来，对于欧洲和谐的重新组合必不可少。

1942 年 12 月 13 日

首相致帝国总参谋长，致伊斯梅将军并转参谋长委员会：

1. 分配给东方特别部队（唯一一支参加战斗或将要参加战斗的部

队）的两支"火炬"作战计划运输船队囊括的三万四千余人中，连同一支新部队和若干援军在内，战斗部队还不到九千人。而现在是突尼斯战役的关键时期。我十分怀疑，我们同美国人用于与正在登陆或即将登陆的二十五万敌人交战的实际作战人员，是否超过一万五千人。

2．K. M. S. 5（运输船队）已驶离我们的控制区。再找两三艘船搭载由第四十六师撤出的一个旅，跟随圣诞节运输船队前进的做法有没有可能性，会不会好一些？我们是否还应该再补充两三千援军？在敌人有二三十万人在战场内或临近战场时，仅依靠为数甚少的东方特种部队作为突击队，却以战役的命运作赌注，似乎太糟糕了。我并不建议削减 K. M. S. 5 和 K. M. S. 6 运输船队中大量非战斗的随行人员，只需确认其中有真正能与敌人作战的力量。我们一直缺乏的就是这种真正的力量，不论供应、通信、工兵、皇家机械工程队、医院人员等多么优秀，在前线必须要有一定数量的人用手中的武器杀敌。

1942 年 12 月 13 日

首相致第一海务大臣：

1．开往苏联的运输船队将于本月末分两批起航，之后我们该如何进行？我希望对于船队一事应制订计划，至于是分一批还是两批，视情况而定，至少在 1 月、2 月和 3 月各航行一次，每批三四十艘。

2．"硫黄""哈斯基"等作战计划可能的延迟，应该能够缓和苏联护航船队的处境。同时应注意，如果决定进行"围歼"作战计划，而不进行"硫黄"等作战计划，那么"围歼"计划只能在 8 月进行，这对于 P. Q. 运输船队的航行是有帮助的，且可以使它继续维持。如你所知，虽然我现在正在考虑"硫黄"和"围歼"这两个作战计划，但必须加以选择。如果我确定在经过极大努力后，"围歼"计划还是不可能在 1943 年实行，那我只有选择"硫黄"等计划。

1942 年 12 月 14 日

首相致陆军大臣：

1. 请就本土防卫部队缺少军官的情况写一份报告给我，尤其要说明各营、各炮兵中队和装甲部队的军官短缺情况。据我所知，很大一部分候补人员遭到选拔委员会拒绝，以致他们颇感失望地回到队伍当中。我的意见是，营部或坦克部队的指挥官是最好的鉴定人，如果他不是一个好鉴定人，就是不称职。在这种情况下，鉴于军官不足，明智的办法似乎是让所有经过指挥官推荐的人，由各旅呈报陆军部批准，没有特殊理由不得拒绝。

2. 我还要一份数据，说明：（1）本土防卫部队中各级军官的定额人数；（2）除了在本土防卫部队中的军官外，留在英国的军官人数。我还要英国境内 1942 年任命的军官人数，不管那些军官已被派遣至何处。

1942 年 12 月 14 日

首相致陆军大臣：

1. 你在 12 月 14 日的备忘录第一段中提到在外套上印制和刺绣圆形团徽，请将样板送来。

2. 请将你的前任签发的指令原文连同陆军部关于他采取这一决定的档案一并送来。

3. 在 1942 年 7 月发出命令以前，佩吉特将军对拒不执行这一指令是如何解释的？

4. 军事参议院在上月发出命令的缘由是什么？请让我看看陆军部关于此事的档案。在这一命令发出以前，是否同佩吉特将军商议过？

5. 我在视察第五十三师时，当然这是从佩吉特将军处得知，由于这项命令给军队（造成的）沮丧情绪，而他的表述方式也让我相信他十分后悔。

6. 我认为，如果总司令对数月中几度出现违抗这项命令的事予以宽恕，这就很难在有关部队中实行这种突然改变的政策。

　…………

8. 如果你能向我说明国民自卫军为何可以在这件事上受到特殊优待，我将十分高兴。对于他们，是否给予过特殊许可？如果给过，理由何在？我本该想到，常备军各团，尤其是像威尔士或苏格兰地方军各团，更渴望有集体精神的支持并佩戴特殊标记以表示不同。

9. 我明白这一麻烦是你自找的，因为你将实行这种错误原则视为事关声誉的问题，我愿意给你们较长时间核准普遍佩戴徽章的数量。

1942 年 12 月 16 日

首相致财政大臣、外交大臣、主计大臣、贸易大臣：

（抄送枢密院长）

我希望，你们在研究各种社会改革、土地开垦等提案时，能充分考虑到我们在战后的财政状况。这些计划可能引起的结果一定要同必须维持的武装部队的开销以及恢复我们出口贸易的前景相联系。最危险的莫过于让人民感到受骗，他们觉得受骗是因为有人引导他们对美好的计划抱有希望，而这种美好的计划却由于经济原因无法实现。

同美国人的谈判有何进展？这些谈判的结果必定会决定我们的出口贸易能否迅速恢复这一重大问题，而且你们无疑正在仔细考察所有的潜在市场。不管缔结了什么国际贸易协定，这一工作都很有价值。请你们在方便时考虑这些问题。

1942 年 12 月 17 日

首相致伊斯梅将军和雅各布准将，转参谋长委员会：

考虑到我们即将参加战斗的装甲师兵力如此之少，我们不应（在下次开往北非的装甲师中）派装备两磅大炮的"十字军战士"式坦克前去。在加柴拉战役中，火力不足的坦克增加了我们的运输困难，让我们备受责难；而现在我们又这样做，这只会使我们蒙受同样的批评。只有派最好的坦克才有用。进行调换的时间似乎还很充足。请将六磅炮代替两磅炮的方案告诉我。

1942 年 12 月 18 日

首相致伊斯梅将军和雅各布准将：

1. 我知道十五万支新型零点三零三英寸口径的步枪和三十三万二千支"斯登"式冲锋枪已于 10 月和 11 月制成。请告诉我，如何分配这些武器。

2. 国民自卫军中目前有多少人已有供单人使用的武器，还有多少人没有？

3. 应要求中东方面提供一份报告，说明在昔兰尼加——即在阿盖拉西边作战以前——我们所缴获的所有无损或可修复的武器，包括步枪、迫击炮、大炮、卡车、坦克、飞机等的详尽信息。

1942 年 12 月 19 日

首相致雅各布准将：

应当将一百二十门七十五毫米口径的大炮、二百门两磅炮和三十二门双管自动高射炮一同送去。我十分重视尽快在摩洛哥建立一支由吉罗领导的精锐的法国陆军一事，这样英美军队便不必整个夏天蛰伏于此。请着手进行所有准备工作。

1942 年 12 月 19 日

首相致海军大臣和第一海务大臣：

1. 成千上万的英国士兵已在中东和印度待了三四年之久，毫无疑问他们都很想回家，也很想在再次承担任务前休假。我不明白的是，为什么要对海军表示特别关怀？事实上，陆军士兵中有许多人参加的战斗比海军还要多，如果仅仅为了休假，便令"英勇"号驶回本国然后返回防地，这要用多少汽油？我们是否有权作这种调动？

2. 将旧式"皇家"级战列舰调回并停泊在某安全港内，而让其船员操纵新舰，这种做法确实明智。它们仅是破旧船只，在任何现代化敌舰出现时，它们只会让人们极为担忧。如果让这些船只一艘艘驶回本国，那么那些所在船只失事的船员特别是长期在外的船员，便可以乘这些船回来。

3. "安森"号或"豪"号应该会在地中海大显身手,对此我感到非常高兴。

1942 年 12 月 19 日

首相致外交大臣和总督导员:

1. 有人提议在下议院,大臣应简短回答口头质询问题,质询结束作的报告也应简短,从而避免侵占辩论或处理公务的时间。作为下议院的一个老议员,我持不同意见。听取行政部门有关公务的详尽报告是议院的权利。小部分议员没有任何权力阻碍议院享有的这项权利。这项权利在战时比和平时期更为重要。如果内阁阁员在质询终了时不向议会做报告,而是将这份报告交与各报发表(因为不这样就不可能了事),下议院会觉得受到了不合理对待且会因此动怒。我深信,如果他们充分考虑过这个问题,现在提出这个要求肯定不会是下议院的愿望;我还认为此事应摆在议员面前,让他们除了已经获得或听取了的意见之外还能表达其他意见。行政部门做这样的报告时,下议院几乎座无虚席;而在报告终了时座上无人这种事实,也是平常不爱发言的议员所看到的一种极为正常的现象。当然,内阁阁员的报告应仅限于告知情况。

2. 另一方面,大臣们在质询时确实不应长篇大论,因为议员可能之后会没有时间进行质询,这极为不公平。质询时间是议会生活最活跃和最重要的特征之一。我希望此事能在公布前由内阁加以讨论。

1942 年 12 月 19 日

首相致枢密院长:

1942 年 8 月 4 日,内阁成立了一个内阁委员会,成员有当时的掌玺大臣斯塔福德·克里普斯爵士(任主席)和三军大臣,以监督专家委员会应用于作战部队中的心理学家和精神病学家的相关工作。

斯塔福德·克里普斯爵士曾建议,现在由其他大臣接任该委员会的主席职位更合适。我赞同这一观点;如果你能担此职务,我定当十

分感激。

我确信,尽可能限制那些先生们的工作定是明智的,因为他们能造成无尽伤害,又非常善于蒙混欺骗。应该对他们进行最严格的管制,不准这样的人以消耗公费的方式大批寄居在作战部队里。当然,有些容易识别的病例接受医生的治疗可能会有所帮助;但是,精神病医生擅长提出一些稀奇古怪的问题,通过问问题扰乱军心,让大多数正常且健康的男女心神不宁,这是极为错误的做法。无所事事的食客和随军人员已经够多了。

1942 年 12 月 19 日

首相致第一海务大臣:

我仍对我们的潜艇在日报表中被描述为"P. 212"等感到痛心。我以为你之前告诉过我,你会给它们命名。给潜艇命名既是军队传统,也顾及在这些潜艇中冒生命危险的官兵的情感。连名字都不取,这贬低了他们的忠诚和牺牲。

1942 年 12 月 19 日

首相致伊斯梅将军,转参谋长委员会:

鉴于英国各师的装备是东拼西凑的,而且澳大利亚部队和南非部队已从第八集团军中撤走,我认为波兰军的装备问题至关重要且迫在眉睫。请准备一项方案,说明各师何时可装备步枪、发射二十五磅炮弹的大炮、反坦克炮、高射炮、迫击炮和机关枪、轻型机枪战车以及坦克。不必完全遵照英国标准。英国的标准留待以后再设法达到。这些优秀的军队什么时候能有最低限度的装备,以达到实际作战的标准,请将最早的日期告诉我。我来预计几个日期:1 月 31 日,2 月 28 日,3 月 31 日。

1942 年 12 月 21 日

首相致陆军大臣和帝国总参谋长：

安德森将军抱怨他的坦克同德国的坦克相比简直就是废物。这跟我们一年前在加柴拉战役中遇到的情况一模一样。但现在你们说，所附文件中的计划已是上上之策。这就意味着，八十九辆装备过时的两磅炮的坦克要随同第十一师加入战斗，而装备六磅炮的坦克只有八十辆。我认为这是不正确的。各装甲师已经缩减到一个单独的坦克旅。现在这个坦克旅为适应指挥编制又缩小了一半以上。这样，在 2 月份参加战斗的一个英国装甲师中，仅有八十辆装备了有效火力的坦克。我们绝不容许这样削弱攻击力量，我希望你们重新检查一下。我很乐意在明天中午十二点见到你们两位，可以与你们愿意携同的军官一同前来。

1942 年 12 月 23 日

首相致陆军大臣和帝国总参谋长：

第十一装甲师

1. 第十一师和其他部队将在突尼斯北部共同作战，该地宽约三十英里，长约五十五英里。可见同辽阔的西部沙漠没有相似之处。另一方面，（该师）可能会在比塞大碰到永久性堡垒并在突尼斯周围面临难对付的野外阵地。也许需要支援步兵进行突破。为了达到所有目的，重型武器和厚装甲是必需的。常规装备的问题自不必提，但应为特殊任务设计特殊武器。

2. 我非常高兴你们通过增加（每个中队的）坦克部队（由三个增加到四个），能增设三十六辆六磅炮的坦克。我希望你们能紧急考虑一下，我们能否增加一个装备六磅炮的第四坦克团，作为师后备力量的独立部队。如果这一部队能有"丘吉尔"式坦克，那就最好不过了，因为唯有这种坦克有必要的装甲，可以穿越比塞大或突尼斯的防御工事，也能用在巷战中。莱瑟斯勋爵通知我，给船队增加的船只数量不会超过两艘，至多三艘。这样，我们就大大增加了攻击力量。然而，阿尔及利亚的登陆设备或许无法让四十吨重的坦克上岸，波尼的登陆

设备恐怕更加糟糕。不管怎样，这是这场战争的必要武器。新增坦克团除了需要修理工厂和零件以外，并不需要增加任何东西。

3. 在反坦克部队和高射炮部队方面，该师必须特殊对待。鉴于其任务的重要性，可以暂时从本土防卫军的其他部队中抽调人员过来。该师师长应我要求，给我看了他写给陆军部的信件。我认为，他们所有的反坦克武器，至少也应该是能发射六磅炮弹的大炮。考虑到战争的推迟定会使德国运送更多"虎"式坦克抵达战场，我希望可以增加十几门发射十七磅炮弹的大炮。

4. 考虑到该师可能会在 2 月或最迟 3 月响应号召，担负极其重要的任务，因而有必要为其配备特殊装备。其中当然要包括一个连的迫击炮部队，以便进行支援。请提交给我一份实行上述内容的方案，或告诉我其中有多少可以实行。有关上述情况的任何变动在没有及时通知我之前，不得推迟该师的出发日期。

5. 除上述外，我将向总统要求拨二百辆或三百辆"谢尔曼"式坦克到阿尔及利亚，以便我们的第六装甲师在从前线撤下时能按团将坦克编入。若是我们使用造成加柴拉战役失败的装备继续作战，容易招来议会极其严厉的谴责。

1942 年 12 月 26 日

首相致枢密院长：

疾病

根据健康保险促进协会向政府统计部门呈报的数据，因微恙缺勤的工作人员的平均人数与去年相比，增加了四分之一以上。若是这一数字适用于全体工作人员，这就等同于与正常工作的人数相比，少了八万人。在可能导致缺勤的原因中，至少有一部分是身体不适以外的原因，但缺勤的显著增加或许就标志着平民有负担越来越多艰苦工作的危险。

1942 年 12 月 26 日

首相致军事运输大臣：

因预期明年上半年英国的进口货物过少，我们必须立即采取具体措施以增加数量。鉴于中东方面的战略形势已有所改善，似乎可以确定每月向陆军部和空军部供应船只的上限，这些船只用于英美两国供应东方各战场。

请告诉我，如果军事部门每月拨五十艘或四十艘船到东方各战场使用，那么本国的进口将增加多少。

1942 年 12 月 26 日

首相致伊斯梅将军：

1. 据联合情报委员会有关德国陆军的作战序列和分布情况的文件估计，德国有三百二十个师，但是在其他文件中我曾见到联合情报委员会估计德国有三百个师。可否对这一矛盾进行调查？

2. 联合情报委员会有关德国 1943 年的战略文件显示德国有六百二十五万作战人员。这就意味着德国每个师总人数为两万，而我方每个师总人数为四万一千人。如果德方的军、集团军以及补给部队所占比例与我们一样，那就意味着德国每个师的作战人员不足一万人。此外，这也体现了陆军部所派的随军人员过多。关于此事他们有何想法？这份报告我会留存。

1942 年 12 月 27 日

首相致海军大臣：

这些为潜艇准备的名字当然好过那些代号。请参考我的建议。我毫不怀疑，通过查阅字典再仔细考虑，这些名字还会有所改进。

现在请继续进行该项工作，在今后两周内完成对它们的命名。

1942 年 12 月 27 日

首相致陆军大臣、军事运输大臣以及帝国总参谋长：

我对规定派遣"丘吉尔"式坦克旅前往突尼斯的日期不甚满意。

因为战况紧急，我们必须做出最大努力，让这个旅全部登上于 1 月 17 日起航的运输船队。若军事运输部能够拨出船只，而陆军部却无法将已动员的这个旅及时运上船，那么陆军部就要承担这一重大责任。

1942 年 12 月 31 日

首相致陆军大臣：

1. 如果早在这些候补军官进军官训练团前便表示不会录用他们，无疑比在他们身上白白浪费时间更为划算。但由于本土防卫部队军官匮乏，因此我便注意到这一问题。

2. 从你的表上可以清楚地看出，军官缺口超过两千人，其中单是步兵就缺少将近七百人。就如何、何时弥补这个缺口，你有什么打算？我注意到，在英国的八万七千六百三十三名军官中，至少有四万零九百七十九人是没有包括在本土野战军、英国防空部队或第一集团军仍留在国内的部队之中的。四万零九百七十九人这一庞大群体中——其中大部分与作战部队没有丝毫联系——你定能从中找到野战军所需要的两千人。请对表中第四栏"所有其他在国内的"少校、上尉和中少尉等人员的就业情况进行分析并呈给我。我可以再说一下，从事非战斗职务的有四万零九百七十九人，而战斗部队仅缺两千人，这两个数字对比鲜明，相去甚远。

1942 年 12 月 31 日

首相致财政大臣：

我料想，各部次官的薪金是一千五百英镑，有些人的薪金甚至不及此数，令人痛心。我希望能改善这一情况，如果你能想到办法。我想把他们薪金中的六百英镑作为他们的议员薪金，另外附加大臣薪金。我们的次官中有许多工党议员，我想他们在经济上是非常拮据的——事实上，假如将他们不从政遇到的困难与他们在经济方面遇到的困难相比，经济方面的困难还要严重一些，因此让他们从政简直是没有任何好处可言的。这并不正确。

　　我甚至想将所有大臣薪金的六百英镑当作他们作为议员应得的薪金，再加上其余的部分，数额甚至超一千五百英镑。在我看来，下议院必定十分乐意接纳这一办法，尤其是因为这对工党中比较贫穷的人士有益。我们须谨记，从选区到伦敦的旅费及其他活动费用必须照发不误。可能你能想到其他的办法。请将你的意见报告给我。

1942 年 12 月 31 日